EN CADA EJEMPLAR DE LA COLECCIÓN CARA Y CRUZ EL LECTOR ENCONTRARÁ DOS LIBROS DISTINTOS Y COMPLEMENTARIOS • SI QUIERE LEER

SOMBRERO, ABRIGO, GUANTES Y OTROS POEMAS
DE
CÉSAR VALLEJO

EMPIECE POR ÉSTA, LA SECCIÓN "CARA" DEL LIBRO • SI PREFIERE AHORA CONOCER ENSAYOS SOBRE LA OBRA Y SU AUTOR, CITAS A PROPÓSITO DE ELLOS, CRONOLOGÍA Y BIBLIOGRAFÍA, DÉLE VUELTA AL LIBRO Y EMPIECE POR LA TAPA OPUESTA, LA SECCIÓN "CRUZ".

SOMBRERO, ABRIGO, GUANTES
Y OTROS POEMAS

CÉSAR VALLEJO

SOMBRERO, ABRIGO, GUANTES
Y OTROS POEMAS

SELECCIÓN DE:
José Manuel Arango

COLECCIÓN
CARA Y CRUZ

GRUPO EDITORIAL NORMA
http://www.norma.com
Barcelona, Buenos Aires, Caracas
Guatemala, Lima, México, Panamá, Quito, San José,
San Juan, San Salvador, Santafé de Bogotá, Santiago.

© de esta edición
EDITORIAL NORMA S.A. 1992
Apartado 53550 Santafé de Bogotá, Colombia
Impreso por Cargraphics S.A. - Impresión digital
Impreso en Colombia - Printed in Colombia

Editor: Iván Hernández Arbeláez,
Profesor de la Universidad de Antioquia
Diseño de la colección y de carátula:
Interlínea Editores

1ª edición, junio de 1992
1ª reimpresión, noviembre de 1994
2ª reimpresión, julio de 1997
3ª reimpresión, septiembre de 1999
ISBN: 958-04-1881-0
C.C. 20006

CONTENIDO

DE: *LOS HERALDOS NEGROS*

Los heraldos negros	13
El poeta a su amada	14
Nostalgias imperiales	15
El pan nuestro	18
La cena miserable	20
Las piedras	21
Los dados eternos	22
Los pasos lejanos	24
Espergesia	25

DE: *TRILCE*

V	29
IX	30
XI	31
XIII	32
XIV	33
XV	34
XVIII	35
XXVIII	36
XXXII	38
XXXIV	39
XXXVI	40

XLI	42
XLV	43
XLVIII	44
L	45
LVII	46
LVIII	47
LX	49
LXI	50
LXV	52
LXXIII	54
LXXV	55

DE: *POEMAS EN PROSA*

Voy a hablar de la esperanza	59
He aquí que hoy saludo	61

DE: *POEMAS HUMANOS*

Altura y pelos	65
Un hombre está mirando a una mujer	66
Sombrero, abrigo, guantes	68
Epístola a los transeúntes	69
Fue domingo en las claras orejas de mi burro	71
Hoy me gusta la vida mucho menos	72
Quisiera hoy ser feliz de buena gana	74
Los nueve monstruos	75
Me viene, hay días, una gana ubérrima, política	78
Sermón sobre la muerte	80
Considerando en frío, imparcialmente…	82
Piedra negra sobre una piedra blanca	84
De disturbio en disturbio…	85
Intensidad y altura	87

Panteón 88
¡Y si después de tantas palabras…! 90
Los desgraciados 92
Alfonso: estás mirándome, lo veo 94
Traspié entre dos estrellas 96
Un hombre pasa con un pan al hombro 98
El alma que sufrió de ser su cuerpo 100

DE: *ESPAÑA, APARTA DE MÍ ESTE CÁLIZ*
III (Solía escribir con su dedo grande en el aire) 105
V Imagen española de la muerte 107
XII Masa 109
XV España, aparta de mí este cáliz 110

DE: *LOS HERALDOS NEGROS*

LOS HERALDOS NEGROS

Hay golpes en la vida, tan fuertes... Yo no sé!
Golpes como del odio de Dios; como si ante ellos,
la resaca de todo lo sufrido
se empozara en el alma... Yo no sé!

Son pocos; pero son... Abren zanjas oscuras
en el rostro más fiero y en el lomo más fuerte.
Serán talvez los potros de bárbaros atilas;
o los heraldos negros que nos manda la Muerte.

Son las caídas hondas de los Cristos del alma,
de alguna fe adorable que el Destino blasfema.
Esos golpes sangrientos son las crepitaciones
de algún pan que en la puerta del horno se nos quema.

Y el hombre... Pobre... pobre! Vuelve los ojos, como
cuando por sobre el hombro nos llama una palmada;
vuelve los ojos locos, y todo lo vivido
se empoza, como charco de culpa, en la mirada.

Hay golpes en la vida, tan fuertes... Yo no sé!

EL POETA A SU AMADA

Amada, en esta noche tú te has crucificado
sobre los dos maderos curvados de mi beso;
y tu pena me ha dicho que Jesús ha llorado,
y que hay un viernesanto más dulce que ese beso.

En esta noche rara que tanto me has mirado,
la Muerte ha estado alegre y ha cantado en su hueso.
En esta noche de setiembre se ha oficiado
mi segunda caída y el más humano beso.

Amada, moriremos los dos juntos, muy juntos;
se irá secando a pausas nuestra excelsa amargura;
y habrán tocado a sombra nuestros labios difuntos.

Y ya no habrán reproches en tus ojos benditos;
ni volveré a ofenderte. Y en una sepultura
los dos nos dormiremos, como dos hermanitos.

NOSTALGIAS IMPERIALES

I

En los paisajes de Mansiche labra
imperiales nostalgias el crepúsculo;
y lábrase la raza en mi palabra,
como estrella de sangre a flor de músculo.

El campanario dobla... No hay quien abra
la capilla... Diríase un opúsculo
bíblico que muriera en la palabra
de asiática emoción de este crepúsculo.

Un poyo con tres potos, es retablo
en que acaban de alzar labios en coro
la eucaristía de una chicha de oro.

Más allá, de los ranchos surge el viento
el humo oliendo a sueño y a establo,
como si se exhumara un firmamento.

II

La anciana pensativa, cual relieve
de un bloque pre-incaico, hila que hila;
en sus dedos de Mama el huso leve
la lana gris de su vejez trasquila.

Sus ojos de esclerótica de nieve
un ciego sol sin luz guarda y mutila...!
Su boca está en desdén, y en calma aleve
su cansancio imperial talvez vigila.

Hay ficus que meditan, melenudos
trovadores incaicos en derrota,
la rancia pena de esta cruz idiota,

en la hora en rubor que ya se escapa,
y que es lago que suelda espejos rudos
donde náufrago llora Manco-Cápac.

III

Como viejos curacas van los bueyes
camino de Trujillo, meditando...
Y al hierro de la tarde, fingen reyes
que por muertos dominios van llorando.

En el muro de pie, pienso en las leyes
que la dicha y la angustia van trocando:
ya en las viudas pupilas de los bueyes
se pudren sueños que no tienen cuándo.

La aldea, ante su paso, se reviste
de un rudo gris, en que un mugir de vaca
se aceite en sueño y emoción de huaca.

Y en el festín del cielo azul yodado
gime en el cáliz de la esquila triste
un viejo coraquenque desterrado.

IV

La grama mustia, recogida, escueta
ahoga no sé qué protesta ignota:
parece el alma exhausta de un poeta,
arredrada en un gesto de derrota.

La Ramada ha tallado su silueta,
cadavérica jaula, sola y rota,
donde mi enfermo corazón se aquieta
en un tedio estatual de terracota.

Llega el canto sin sal del mar labrado
en su máscara bufa de canalla
que babea y da tumbos de ahorcado!

La niebla hila una venda al cerro lila
que en ensueños miliarios se enmuralla,
como un huaco gigante que vigila.

EL PAN NUESTRO

Se bebe el desayuno... Húmeda tierra
de cementerio huele a sangre amada.
Ciudad de invierno... La mordaz cruzada
de una carreta que arrastrar parece
una emoción de ayuno encadenada!

Se quisiera tocar todas las puertas,
y preguntar por no sé quién; y luego
ver a los pobres, y, llorando quedos,
dar pedacitos de pan fresco a todos.
Y saquear a los ricos sus viñedos
con las dos manos santas
que a un golpe de luz
volaron desclavadas de la Cruz!

Pestaña matinal, no os levantéis!
¡El pan nuestro de cada día dánoslo,
Señor...!

Todos mis huesos son ajenos;
yo talvez los robé!
Yo vine a darme lo que acaso estuvo
asignado para otro;
y pienso que, si no hubiera nacido,
otro pobre tomara este café!
Yo soy un mal ladrón... A dónde iré!

Y en esta hora fría, en que la tierra
trasciende a polvo humano y es tan triste,
quisiera yo tocar todas las puertas,
y suplicar a no sé quién, perdón,
y hacerle pedacitos de pan fresco
aquí, en el horno de mi corazón...!

LA CENA MISERABLE

Hasta cuándo estaremos esperando lo que
no se nos debe... Y en qué recodo estiraremos
nuestra pobre rodilla para siempre... Hasta cuándo
la cruz que nos alienta no detendrá sus remos.

Hasta cuándo la Duda nos brindará blasones
por haber padecido...
                Ya nos hemos sentado
mucho a la mesa, con la amargura de un niño
que a media noche, llora de hambre, desvelado...

Y cuándo nos veremos con los demás, al borde
de una mañana eterna, desayunados todos.
Hasta cuándo este valle de lágrimas, a donde
yo nunca dije que me trajeran.
                De codos
todo bañado en llanto, repito cabizbajo
y vencido: hasta cuándo la cena durará.

Hay alguien que ha bebido mucho, y se burla,
y acerca y aleja de nosotros, como negra cuchara
de amarga esencia humana, la tumba...
                Y menos sabe
ese oscuro hasta cuándo la cena durará!

LAS PIEDRAS

Esta mañana bajé
a las piedras ¡oh las piedras!
Y motivé y troquelé
un pugilato de piedras.

Madre nuestra, si mis pasos
en el mundo hacen doler,
es que son los fogonazos
de un absurdo amanecer.

Las piedras no ofenden; nada
codician. Tan sólo piden
amor a todos, y piden
amor aun a la Nada.

Y si algunas de ellas se
van cabizbajas, o van
avergonzadas, es que
algo de humano harán...

Mas, no falta quien a alguna
por puro gusto golpee.
Tal, blanca piedra es la luna
que voló de un puntapié...

Madre nuestra, esta mañana
me he corrido con las hiedras,
al ver la azul caravana
de las piedras,
de las piedras,
de las piedras...

LOS DADOS ETERNOS

Para Manuel González Prada esta emoción bravía y selecta, una de las que, con más entusiasmo, me ha aplaudido el gran maestro.

Dios mío, estoy llorando el ser que vivo;
me pesa haber tomádote tu pan;
pero este pobre barro pensativo
no es costra fermentada en tu costado:
tú no tienes Marías que se van!

Dios mío, si tú hubieras sido hombre,
hoy supieras ser Dios;
pero tú, que estuviste siempre bien,
no sientes nada de tu creación.
Y el hombre sí te sufre: el Dios es él!

Hoy que en mis ojos brujos hay candelas,
como en un condenado,
Dios mío, prenderás todas tus velas,
y jugaremos con el viejo dado...
Talvez ¡oh jugador! al dar la suerte
del universo todo,
surgirán las ojeras de la Muerte,
como dos ases fúnebres de lodo.

Dios mío, y esta noche sorda, oscura,
ya no podrás jugar, porque la Tierra
es un dado roído y ya redondo
a fuerza de rodar a la aventura,
que no puede parar sino en un hueco,
en el hueco de inmensa sepultura.

LOS PASOS LEJANOS

Mi padre duerme. Su semblante augusto
figura un apacible corazón;
está ahora tan dulce...
si hay algo en él de amargo, seré yo.

Hay soledad en el hogar; se reza;
y no hay noticias de los hijos hoy.
Mi padre se despierta, ausculta
la huida a Egipto, el restañante adiós.
Está ahora tan cerca;
si hay algo en él de lejos, seré yo.

Y mi madre pasea allá en los huertos,
saboreando un sabor ya sin sabor.
Está ahora tan suave,
tan ala, tan salida, tan amor.

Hay soledad en el hogar sin bulla,
sin noticias, sin verde, sin niñez.
Y si hay algo quebrado en esta tarde,
y que baja y que cruje,
son dos viejos caminos blancos, curvos.
Por ellos va mi corazón a pie.

ESPERGESIA

Yo nací un día
que Dios estuvo enfermo.
Todos saben que vivo,
que soy malo; y no saben
del diciembre de ese enero.
Pues yo nací un día
que Dios estuvo enfermo.

Hay un vacío
en mi aire metafísico
que nadie ha de palpar:
el claustro de un silencio
que habló a flor de fuego.
Yo nací un día
que Dios estuvo enfermo.

Hermano, escucha, escucha...
Bueno. Y que no me vaya
sin llevar diciembres,
sin dejar eneros.
Pues yo nací un día
que Dios estuvo enfermo.

Todos saben que vivo,
que mastico... Y no saben
por qué en mi verso chirrían,
oscuro sinsabor de féretro,
luyidos vientos
desenroscados de la Esfinge
preguntona del Desierto.

Todos saben... Y no saben
que la Luz es tísica,
y la Sombra gorda...
Y no saben que el Misterio sintetiza...
que él es la joroba
musical y triste que a distancia
denuncia el paso meridiano de las lindes a las Lindes.

Yo nací un día
que Dios estuvo enfermo,
grave.

DE: *TRILCE*

V

Grupo dicotiledón. Oberturan
desde él petreles, propensiones de trinidad,
finales que comienzan, ohs de ayes
creyérase avaloriados de heterogeneidad.
¡Grupo de los dos cotiledones!

A ver. Aquello sea sin ser más.
A ver. No trascienda hacia afuera,
y piense en són de no ser escuchado,
y crome y no sea visto.
Y no glise en el gran colapso.

La creada voz rebélase y no quiere
ser malla, ni amor.
Los novios sean novios en eternidad.
Pues no deis 1, que resonará al infinito.
Y no deis 0, que callará tánto,
hasta despertar y poner de pie al 1.

Ah grupo bicardiaco.

IX

Vusco volvvver de golpe el golpe.
Sus dos hojas anchas, su válvula
que se abre en suculenta recepción
de multiplicando a multiplicador,
su condición excelente para el placer,
todo avía verdad.

Busco vol ver de golpe el golpe.
A su halago, enveto bolivarianas fragosidades
a treintidós cables y sus múltiples,
se arrequintan pelo por pelo
soberanos belfos, los dos tomos de la Obra,
y no vivo entonces ausencia,
      ni al tacto.
Fallo bolver de golpe el golpe.
No ensillaremos jamás el toroso Vaveo
de egoísmo y de aquel ludir mortal
de sábana,
desque la mujer esta
      ¡cuánto pesa de general!

Y hembra es el alma de la ausente.
Y hembra es el alma mía.

XI

He encontrado a una niña
en la calle, y me ha abrazado.
Equis, disertada, quien la halló y la halle,
no la va a recordar.

Esta niña es mi prima. Hoy, al tocarle
el talle, mis manos han entrado en su edad
como en par de mal rebocados sepulcros.
Y por la misma desolación marchóse,
        delta al sol tenebloso,
        trina entre los dos.

        "Me he casado",
        me dice. Cuando lo que hicimos de niños
        en casa de la tía difunta.
        Se ha casado.
        Se ha casado.
Tardes años latitudinales,
qué verdaderas ganas nos ha dado
de jugar a los toros, a las yuntas,
pero todo de engaños, de candor, como fue.

XIII

Pienso en tu sexo.
Simplificado el corazón, pienso en tu sexo,
ante el hijar maduro del día.
Palpo el botón de dicha, está en sazón.
Y muere un sentimiento antiguo
degenerado en seso.

Pienso en tu sexo, surco más prolífico
y armonioso que el vientre de la Sombra,
aunque la Muerte concibe y pare
de Dios mismo.
Oh Conciencia,
pienso, sí, en el bruto libre
que goza donde quiere, donde puede.

Oh, escándalo de miel de los crepúsculos.
Oh estruendo mudo.

¡Odumodneurtse!

XIV

Cual mi explicación.

Esto me lacera de tempranía.

Esa manera de caminar por los trapecios.

Esos corajosos brutos como postizos.

Esa goma que pega el azogue al adentro.

Esas posaderas sentadas para arriba.

Ese no puede ser, sido.

Absurdo.

Demencia.

Pero he venido de Trujillo a Lima.

Pero gano un sueldo de cinco soles.

XV

En el rincón aquel, donde dormimos juntos
tantas noches, ahora me he sentado
a caminar. La cuja de los novios difuntos
fue sacada, o talvez qué habrá pasado.

Has venido temprano a otros asuntos
y ya no estás. Es el rincón
donde a tu lado, leí una noche,
entre sus tiernos puntos
un cuento de Daudet. Es el rincón
amado. No lo equivoques.

Me he puesto a recordar los días
de verano idos, tu entrar y salir,
poca y harta y pálida por los cuartos.

En esta noche pluviosa,
ya lejos de ambos dos, salto de pronto...
Son dos puertas abriéndose cerrándose,
dos puertas que al viento van y vienen
sombra   a   sombra

XVIII

Oh las cuatro paredes de la celda.
Ah las cuatro paredes albicantes
que sin remedio dan al mismo número.

Criadero de nervios, mala brecha,
por sus cuatro rincones cómo arranca
las diarias aherrojadas extremidades.

Amorosa llavera de innumerables llaves,
si estuvieras aquí, si vieras hasta
qué hora son cuatro estas paredes.
Contra ellas seríamos contigo, los dos,
más dos que nunca. Y ni lloraras,
di, libertadora!

Ah las paredes de la celda.
De ellas me duelen entretanto más
las dos largas que tienen esta noche
algo de madres que ya muertas
llevan por bromurados declives,
a un niño de la mano cada una.

Y sólo yo me voy quedando,
con la diestra, que hace por ambas manos,
en alto, en busca de terciario brazo
que ha de pupilar, entre mi dónde y mi cuándo,
esta mayoría inválida de hombre.

XXVIII

He almorzado solo ahora, y no he tenido
madre, ni súplica, ni sírvete, ni agua,
ni padre que, en el facundo ofertorio
de los choclos, pregunte para su tardanza
de imagen, por los broches mayores del sonido.

Cómo iba yo a almorzar. Cómo me iba a servir
de tales platos distantes esas cosas,
cuando habráse quebrado el propio hogar,
cuando no asoma ni madre a los labios.
Cómo iba yo a almorzar nonada.

A la mesa de un buen amigo he almorzado
con su padre recién llegado del mundo,
con sus canas tías que hablan
en tordillo retinte de porcelana,
bisbiseando por todos sus viudos alvéolos;
y con cubiertos francos de alegres tiroriros,
porque estánse en su casa. Así, qué gracia!
Y me han dolido los cuchillos
de esta mesa en todo el paladar.

El yantar de estas mesas así, en que se prueba
amor ajeno en vez del propio amor,
torna tierra el bocado que no brinda la
       MADRE,
hace golpe la dura deglución; el dulce,
hiel; aceite funéreo, el café.

Cuando ya se ha quebrado el propio hogar,
y el sírvete materno no sale de la
tumba,
la cocina a oscuras, la miseria de amor.

XXXII

999 CALORÍAS
Rumbbb... Trrraprrr rrach... chaz
Serpentínica *u* del bizcochero
engirafada al tímpano.

Quién como los hielos. Pero no.
Quién como lo que va ni más ni menos.
Quién como el justo medio.

1000 calorías.
Azulea y ríe su gran cachaza
el firmamento gringo. Baja
el sol empavado y le alborota los cascos
al más frío.

Remeda al cuco; Rooooooooeeeeis...
tierno autocarril, móvil de sed,
que corre hasta la playa.

Aire, aire! Hielo!
Si al menos el calor (_____Mejor
                      no digo nada.

Y hasta la misma pluma
con que escribo por último se troncha.

Treinta y tres trillones trescientos treinta
y tres calorías.

XXXIV

Se acabó el extraño, con quien, tarde
la noche, regresabas parla y parla.
Ya no habrá quien me aguarde,
dispuesto mi lugar, bueno lo malo.

Se acabó la calurosa tarde;
tu gran bahía y tu clamor; la charla
con tu madre acabada
que nos brindaba un té lleno de tarde.

Se acabó todo al fin: las vacaciones,
tu obediencia de pechos, tu manera
de pedirme que no me vaya fuera.

Y se acabó el diminutivo, para
mi mayoría en el dolor sin fin
y nuestro haber nacido así sin causa.

XXXVI

Pugnamos ensartarnos por un ojo de aguja,
enfrentados a las ganadas.
Amoniácase casi el cuarto ángulo del círculo.
¡Hembra se continúa el macho, a raíz
de probables senos, y precisamente
a raíz de cuanto no florece!

¿Por ahí estás, Venus de Milo?
Tú manqueas apenas pululando
entrañada en los brazos plenarios
de la existencia, de esta existencia
que todaviiza
perenne imperfección.
Venus de Milo, cuyo cercenado, increado
brazo revuélvese y trata de encodarse
a través de verdeantes guijarros gagos,
ortivos nautilos, aunes que gatean
recién, vísperas inmortales,
Laceadora de inminencias, laceadora
del paréntesis.

Rehusad, y vosotros, a posar las plantas
en la seguridad dupla de la Armonía.
Rehusad la simetría a buen seguro.
Intervenid en el conflicto
de puntas que se disputan
en la más torionda de las justas
el salto por el ojo de la aguja!

Tal siento ahora el meñique
demás en la siniestra. Lo veo y creo
no debe serme, o por lo menos que está
en sitio donde no debe.
Y me inspira rabia y me azarea
y no hay cómo salir de él, sino haciendo
la cuenta de que hoy es jueves.

¡Ceded al nuevo impar
                      potente de orfandad!

XLI

La muerte de rodillas mana
su sangre blanca que no es sangre.
Se huele a garantía.
Pero ya me quiero reír.

Murmúrase algo por allí. Callan.
Alguien silba valor de lado,
y hasta se contaría en par
veintitrés costillas que se echan de menos
entre sí, a ambos costados; se contaría
en par también, toda la fila
de trapecios escoltas.

En tanto, el redoblante policial
(otra vez me quiero reír)
se desquita y nos tunde a palos.
dale y dale
de membrana a membrana
tas
con
tas.

XLV

Me desvinculo del mar
cuando vienen las aguas a mí.

Salgamos siempre. Saboreemos
la canción estupenda, la canción dicha
por los labios inferiores del deseo.
Oh prodigiosa doncellez.
Pasa la brisa sin sal.

A lo lejos husmeo los tuétanos
oyendo el tanteo profundo, a la caza
de teclas de resaca.

Y si así diéramos las narices
en el absurdo,
nos cubriremos con el oro de no tener nada,
y empollaremos el ala aún no nacida
de la noche, hermana
de esta ala huérfana del día,
que a fuerza de ser una ya no es ala.

XLVIII

Tengo ahora 70 soles peruanos.
Cojo la penúltima moneda, la que suena
69 veces púnicas.
Y he aquí, al finalizar su rol,
quémase toda y arde llameante,
                                                    llameante,
redonda entre mis tímpanos alucinados.

Ella, siendo 69, dase contra 70;
luego escala 71, rebota en 72.
Y así se multiplica y espejea impertérrita
en todos los demás piñones.

Ella, vibrando y forcejeando,
pegando grittttos,
soltando arduos, chisporroteantes silencios,
orinándose de natural grandor,
en unánimes postes surgentes,
acaba por ser todos los guarismos,
                                                    la vida entera.

L

El cancerbero cuatro veces
al día maneja su candado, abriéndonos
cerrándonos los esternones, en guiños
que entendemos perfectamente.

Con los fundillos lelos melancólicos,
amuchachado de trascendental desaliño,
parado, es adorable el pobre viejo.
Chancea con los presos, hasta el tope
los puños en las ingles. Y hasta mojarrilla
les roe algún mendrugo; pero siempre
cumpliendo su deber.

Por entre los barrotes pone el punto
fiscal, inadvertido, izándose en la falangita
del meñique, a la pista de lo que hablo,
lo que como,
lo que sueño.
Quiere el corvino ya no hayan adentros,
y cómo nos duele esto que quiere el cancerbero.

Por un sistema de relojería, juega
el viejo inminente, pitagórico!
a lo ancho de las aortas. Y sólo
de tarde en noche, con noche
soslaya alguna su excepción de metal.
Pero, naturalmente,
siempre cumpliendo su deber.

LVII

CRATERIZADOS los puntos más altos, los puntos
del amor de ser mayúsculo, bebo, ayuno,
absorbo heroína para la pena, para el latido
lacio y contra toda correción.

¿Puedo decir que nos han traicionado? No.
¿Que todos fueron buenos? Tampoco. Pero
allí está una buena voluntad, sin duda,
y sobre todo, el ser así.

Y qué quien se ame mucho! Yo me busco
en mi propio designio que debió ser obra
mía, en vano: nada alcanzó a ser libre.

Y sin embargo, quién me empuja.
A que no me atrevo a cerrar la quinta ventana.
Y el papel de amarse y persistir, junto a las
horas y a lo indebido.

Y el éste y el aquél.

LVIII

En la celda, en lo sólido, también
se acurrucan los rincones.

Arreglo los desnudos que se ajan,
se doblan, se harapan.

Apéome del caballo jadeante, bufando
líneas de bofetadas y de horizontes;
espumoso pie contra tres cascos.
Y le ayudo: Anda, animal!

Se tomaría menos, siempre menos, de lo
que me tocase erogar,
en la celda, en lo líquido.

El compañero de prisión comía el trigo
de las lomas, con mi propia cuchara,
cuando, a la mesa de mis padres, niño,
me quedaba dormido masticando.

Le soplo al otro:
Vuelve, sal por la otra esquina;
apura... aprisa... apronta!

E inadvertido aduzco, planeo,
cabe camastro desvencijado, piadoso:
No creas. Aquel médico era un hombre sano.

Ya no reiré cuando mi madre rece
en infancia y en domingo, a las cuatro
de la madrugada, por los caminantes,
encarcelados,
enfermos
y pobres.

En el redil de niños, ya no le asestaré
puñetazos a ninguno de ellos, quien, después,
todavía sangrando, lloraría: El otro sábado
te daré de mi fiambre, pero
no me pegues!
Ya no le diré que bueno.

En la celda, en el gas ilimitado
hasta redondearse en la condensación,
¿quién tropieza por afuera?

LX

Es de madera mi paciencia,
sorda, vegetal.

Día que has sido puro, niño, inútil,
que naciste desnudo, las leguas
de tu marcha, van corriendo sobre
tus doce extremidades, ese doblez ceñudo
que después deshiláchase
en no se sabe qué últimos pañales.

Constelado de hemisferios de grumo,
bajo eternas américas inéditas, tu gran plumaje,
te partes y me dejas, sin tu emoción ambigua,
sin tu nudo de sueños, domingo.

Y se apolilla mi paciencia,
y me vuelvo a exclamar: ¡Cuándo vendrá
el domingo bocón y mudo de sepulcro;
cuándo vendrá a cargar este sábado
de harapos, esta horrible sutura
del placer que nos engendra sin querer,
y el placer que nos DestieRRa!

LXI

Esta noche desciendo del caballo,
ante la puerta de la casa, donde
me despedí con el cantar del gallo.
Está cerrada y nadie responde.

El poyo en que mamá alumbró
al hermano mayor, para que ensille
lomos que había yo montado en pelo,
por rúas y por cercas, niño aldeano;
el poyo en que dejé que se amarille al sol
mi adolorida infancia... ¿Y este duelo
que enmarca la portada?

Dios en la paz foránea,
estornuda, cual llamando también, el bruto;
husmea, golpeando el empedrado. Luego duda
relincha,
orejea a viva oreja.

Ha de velar papá rezando, y quizás
pensará se me hizo tarde.
Las hermanas, canturreando sus ilusiones
sencillas, bullosas,
en la labor para la fiesta que se acerca,
y ya no falta casi nada.
Espero, espero, el corazón
un huevo en su momento, que se obstruye.

Numerosa familia que dejamos
no ha mucho, hoy nadie en vela, y ni una cera
puso en el ara para que volviéramos.

Llamo de nuevo, y nada.
Callamos y nos ponemos a sollozar, y el animal
relincha, relincha más todavía.

Todos están durmiendo para siempre,
y tan de lo más bien, que por fin
mi caballo acaba fatigado por cabecear
a su vez, y entre sueños, a cada venia, dice
que está bien, que todo está muy bien.

LXV

Madre, me voy mañana a Santiago,
a mojarme en tu bendición y en tu llanto.
Acomodando estoy mis desengaños y el rosado
de llaga de mis falsos trajines.
Me esperará tu arco de asombro,
las tonsuradas columnas de tus ansias
que se acaban la vida. Me esperará el patio,
el corredor de abajo con sus tondos y repulgos
de fiesta. Me esperará mi sillón ayo,
aquel buen quijarudo trasto de dinástico
cuero, que pára no más rezongando a las nalgas
tataranietas, de correa a correhuela.

Estoy cribando mis cariños más puros.
Estoy ejeando ¿no oyes jadear la sonda?
                              ¿no oyes tascar dianas?
estoy plasmando tu fórmula de amor
para todos los huecos de este suelo.
Oh si se dispusieran los tácitos volantes
para todas las cintas más distantes,
para todas las citas más distintas.

Así, muerta inmortal. Así.
Bajo los dobles arcos de tu sangre, por donde
hay que pasar tan de puntillas, que hasta mi padre
para ir por allí,
humildóse hasta menos de la mitad del hombre,
hasta ser el primer pequeño que tuviste.

Así, muerta inmortal.
Entre la columnata de tus huesos
que no puede caer ni a lloros,
y a cuyo lado ni el Destino pudo entrometer
ni un solo dedo suyo.

Así, muerta inmortal.
Así.

LXXIII

Ha triunfado otro ay. La verdad está allí.
Y quien tal actúa ¿no va a saber
amaestrar excelentes digitígrados
para el ratón. ¿Sí... No...?

Ha triunfado otro ay y contra nadie.
Oh exósmosis de agua químicamente pura.
Ah míos australes. Oh nuestros divinos.
                    Tengo pues derecho
a estar verde y contento y peligroso, y a ser
el cincel, miedo del bloque basto y vasto;
a meter la pata y a la risa.

Absurdo, sólo tú eres puro.
Absurdo, este exceso sólo ante ti se
suda de dorado placer.

LXXV

Estáis muertos.

Qué extraña manera de estarse muertos. Quienquiera diría no lo estáis. Pero, en verdad, estáis muertos.

Flotáis nadamente detrás de aquesa membrana que, péndula del zenit al nadir, viene y va de crepúsculo a crepúsculo, vibrando ante la sonora caja de una herida que a vosotros no os duele. Os digo, pues, que la vida está en el espejo, y que vosotros sois el original, la muerte.

Mientras la onda va, mientras la onda viene, cuán impunemente se está uno muerto. Sólo cuando las aguas se quebrantan en los bordes enfrentados y se doblan y doblan, entonces os transfiguráis y creyendo morir, percibís la sexta cuerda que ya no es vuestra.

Estáis muertos, no habiendo antes vivido jamás. Quienquiera diría que, no siendo ahora, en otro tiempo fuisteis. Pero, en verdad, vosotros sois los cadáveres de una vida que nunca fue. Triste destino. El no haber sido sino muertos siempre. El ser hoja seca sin haber sido verde jamás. Orfandad de orfandades.

Y sinembargo, los muertos no son, no pueden ser cadáveres de una vida que todavía no han vivido. Ellos murieron siempre de vida.

Estáis muertos.

DE: *POEMAS EN PROSA*

VOY A HABLAR DE LA ESPERANZA

YO NO SUFRO ESTE DOLOR COMO CÉSAR VALLEJO. YO no me duelo ahora como artista, como hombre ni como simple ser vivo siquiera. Yo no sufro este dolor como católico, como mahometano ni como ateo. Hoy sufro solamente. Si no me llamase César Vallejo, también sufriría este mismo dolor. Si no fuese artista, también lo sufriría. Si no fuese hombre ni ser vivo siquiera, también lo sufriría. Si no fuese católico, ateo ni mahometano, también lo sufriría. Hoy sufro desde más abajo. Hoy sufro solamente.

Me duelo ahora sin explicaciones. Mi dolor es tan hondo, que no tuvo ya causa ni carece de causa. ¿Qué sería su causa? ¿Dónde está aquello tan importante, que dejase de ser su causa? Nada es su causa; nada ha podido dejar de ser su causa. ¿A qué ha nacido este dolor, por sí mismo? Mi dolor es del viento del norte y del viento del sur, como esos huevos neutros que algunas aves raras ponen del viento. Si hubiera muerto mi novia, mi dolor sería igual. Si la vida fuese, en fin, de otro modo, mi dolor sería igual. Hoy sufro desde más arriba. Hoy sufro solamente.

Miro el dolor del hambriento y veo que su hambre anda tan lejos de mi sufrimiento, que de quedarme ayuno hasta morir, saldría siempre de mi tumba una brizna de yerba al menos. Lo mismo el enamorado. ¡Qué sangre la suya más engendrada, para la mía sin fuente ni consumo!

Yo creía hasta ahora que todas las cosas del universo eran, inevitablemente, padres o hijos. Pero he aquí que mi dolor de hoy no es padre ni es hijo. Le falta espalda para anochecer, tanto como le sobra pecho para amanecer y si lo pusiesen en la estancia oscura, no daría luz y si lo pusiesen en una estancia luminosa, no echaría sombra. Hoy sufro suceda lo que suceda. Hoy sufro solamente.

HE AQUÍ QUE HOY SALUDO...

He aquí que hoy saludo, me pongo el cuello y vivo,
superficial de pasos insondables de plantas.
Tal me recibo de hombre, tal más bien me despido y
de cada hora mía retoña una distanciA.

¿Queréis más? encantado.
Políticamente, mi palabra
emite cargos contra mi labio inferior
y económicamente,
cuando doy la espalda a Oriente,
distingo en dignidad de muerte a mis visitas.

Desde ttttales códigos regulares saludo
al soldado desconocido
al verso perseguido por la tinta fatal
y al saurio que Equidista diariamente
de su vida y su muerte,
como quien no hace la cosa.

El tiempo tiene hun miedo ciempiés a los relojes.

(Los lectores pueden poner el título que quieran a este
poema)

DE: *POEMAS HUMANOS*

ALTURA Y PELOS

¿Quién no tiene su vestido azul?
¿Quién no almuerza y no toma el tranvía,
con su cigarrillo contratado y su dolor de bolsillo?
¡Yo que tan sólo he nacido!
¡Yo que tan sólo he nacido!

¿Quién no escribe una carta?
¿Quién no habla de un asunto muy importante,
muriendo de costumbre y llorando de oído?
¡Yo que solamente he nacido!
¡Yo que solamente he nacido!

¿Quién no se llama Carlos o cualquier otra cosa?
¿Quién al gato no dice gato gato?
¡Ay, yo que sólo he nacido solamente!
¡Ay, yo que sólo he nacido solamente!

UN HOMBRE ESTÁ MIRANDO A UNA MUJER...

Un hombre está mirando a una mujer,
está mirándola inmediatamente,
con su mal de tierra suntuosa
y la mira a dos manos
y la tumba a dos pechos
y la mueve a dos hombres.

Pregúntome entonces, oprimiéndome
la enorme, blanca, acérrima costilla:
Y este hombre
¿no tuvo a un niño por creciente padre?
¿Y esta mujer, a un niño
por constructor de su evidente sexo?

Puesto que un niño veo ahora,
niño ciempiés, apasionado, enérgico;
veo que no le ven
sonarse entre los dos, colear, vestirse;
puesto que los acepto,
a ella en condición aumentativa,
a él en la flexión del heno rubio.

Y exclamo entonces, sin cesar ni uno
de vivir, sin volver ni uno
a temblar en la justa que venero:

¡Felicidad seguida
tardíamente del Padre,
del Hijo y de la Madre!
¡Instante redondo,
familiar, que ya nadie siente ni ama!
¡De qué deslumbramiento áfono, tinto,
se ejecuta el cantar de los cantares!
¡De qué tronco, el florido carpintero!
¡De qué perfecta axila, el frágil remo!
¡De qué casco, ambos cascos delanteros!

SOMBRERO, ABRIGO, GUANTES

Enfrente a la Comedia Francesa, está el Café
de la Regencia; en él hay una pieza
recóndita, con una butaca y una mesa.
Cuando entro, el polvo inmóvil se ha puesto ya de pie.

Entre mis labios hechos de jebe, la pavesa
de un cigarrillo humea, y en el humo se ve
dos humos intensivos, el tórax del Café,
y en el tórax, un óxido profundo de tristeza.

Importa que el otoño se injerte en los otoños,
importa que el otoño se integre de retoños,
la nube, de semestres; de pómulos, la arruga.

Importa oler a loco postulando
¡qué cálida es la nieve, qué fugaz la tortuga,
el cómo qué sencillo, qué fulminante el cuándo!

EPÍSTOLA A LOS TRANSEÚNTES

Reanudo mi día de conejo,
mi noche de elefante en descanso.

Y, entre mí, digo:
ésta es mi inmensidad en bruto, a cántaros,
éste mi grato peso, que me buscara abajo para pájaro;
éste mi brazo
que por su cuenta rehusó ser ala,
éstas son mis sagradas escrituras,
éstos mis alarmados compañones.

Lúgubre isla me alumbrará continental,
mientras el capitolio se apoye en mi íntimo derrumbe
y la asamblea en lanzas clausure mi desfile.

Pero cuando yo muera
de vida y no tiempo,
cuando lleguen a dos mis dos maletas,
éste ha de ser mi estómago en que cupo mi lámpara
                              [en pedazos,
ésta aquella cabeza que expió los tormentos del
                              [círculo en mis pasos,
éstos esos gusanos que el corazón contó por unidades,
éste ha de ser mi cuerpo solidario
por el que vela el alma individual; éste ha de ser
mi hombligo en que maté mis piojos natos,
ésta mi cosa cosa, mi cosa tremebunda.

En tanto, convulsiva, ásperamente
convalece mi freno,
sufriendo como sufro del lenguaje directo del león;
y, puesto que he existido entre dos potestades de
[ladrillo,
convalezco yo mismo, sonriendo de mis labios.

FUE DOMINGO EN LAS CLARAS OREJAS
DE MI BURRO...

Fue domingo en las claras orejas de mi burro,
de mi burro peruano en el Perú (Perdonen la tristeza)
Mas hoy ya son las once en mi experiencia personal,
experiencia de un solo ojo, clavado en pleno pecho,
de una sola burrada, clavada en pleno pecho,
de una sola burrada, clavada en pleno pecho,
de una sola hecatombe, clavada en pleno pecho.

Tal de mi tierra veo los cerros retratados,
ricos en burros, hijos de burros, padres hoy de vista,
que tornan ya pintados de creencias,
cerros horizontales de mis penas.

En su estatua, de espada,
Voltaire cruza su capa y mira el zócalo,
pero el sol me penetra y espanta de mis dientes
                                  [incisivos
un número crecido de cuerpos inorgánicos.

Y entonces sueño en una piedra
verduzca, diecisiete,
peñasco numeral que he olvidado,
sonido de años en el rumor de aguja de mi brazo,
lluvia y sol en Europa, y ¡cómo toso! ¡cómo vivo!
¡cómo me duele el pelo al columbrar los siglos
                                  [semanales!
y cómo, por recodo, mi ciclo microbiano,
quiero decir mi trémulo, patriótico peinado.

HOY ME GUSTA LA VIDA MUCHO MENOS...

Hoy me gusta la vida mucho menos,
pero siempre me gusta vivir: ya lo decía.
Casi toqué la parte de mi todo y me contuve
con un tiro en la lengua detrás de mi palabra.

Hoy me palpo el mentón en retirada
y en estos momentáneos pantalones yo me digo:
¡Tánta vida y jamás!
¡Tántos años y siempre mis semanas!...
Mis padres enterrados con su piedra
y su triste estirón que no ha acabado;
de cuerpo entero hermanos, mis hermanos,
y, en fin, mi sér parado y en chaleco.

Me gusta la vida enormemente
pero, desde luego
con mi muerte querida y mi café
y viendo los castaños frondosos de París
y diciendo:
Es un ojo éste, aquél; una frente ésta, aquélla... Y
                                      [repitiendo:
¡Tánta vida y jamás me falla la tonada!
¡Tántos años y siempre, siempre, siempre!

Dije chaleco, dije
todo, parte, ansia, dije casi, por no llorar.
Que es verdad que sufrí en aquel hospital que queda
                                        [al lado
y está bien y está mal haber mirado
de abajo para arriba mi organismo.

Me gustará vivir siempre, así fuese de barriga,
porque, como iba diciendo y lo repito,
¡tánta vida y jamás! ¡Y tántos años,
y siempre, mucho siempre, siempre siempre!

QUISIERA HOY SER FELIZ DE BUENA GANA...

Quisiera hoy ser feliz de buena gana,
ser feliz y portarme frondoso de preguntas,
abrir por temperamento de par en par mi cuarto,
                              [como loco,
y reclamar, en fin,
en mi confianza física acostado,
sólo por ver si quieren, sólo por ver si quieren
probar de mi espontánea
                              [posición,
reclamar, voy diciendo,
por qué me dan así tánto en el alma.

Pues quisiera en sustancia ser dichoso,
obrar sin bastón, laica humildad, ni burro negro.
Así las sensaciones de este mundo,
los cantos subjuntivos,
el lápiz que perdí en mi cavidad
y mis amados órganos de llanto.

Hermano persuasible, camarada,
padre por la grandeza, hijo mortal,
amigo y contendor, inmenso documento de Darwin:
¿a qué hora, pues, vendrán con mi retrato?
¿A los goces? ¿Acaso sobre goce amortajado?
¿Más temprano? ¿Quién sabe, a las porfías?

A las misericordias, camarada,
hombre mío en rechazo y observación, vecino
en cuyo cuello enorme sube y baja,
al natural, sin hilo, mi esperanza...

LOS NUEVE MONSTRUOS

I, DESGRACIADAMENTE,
el dolor crece en el mundo a cada rato,
crece a treinta minutos por segundo, paso a paso,
y la naturaleza del dolor, es el dolor dos veces
y la condición del martirio, carnívora, voraz,
es el dolor dos veces
y la función de la yerba purísima , el dolor
dos veces
y el bien de sér, dolernos doblemente.

Jamás, hombres humanos,
hubo tánto dolor en el pecho, en la solapa, en la
[cartera,
en el vaso, en la carnicería, en la aritmética!
Jamás tánto cariño doloroso,
jamás tan cerca arremetió lo lejos,
jamás el fuego nunca
jugó mejor su rol de frío muerto!
Jamás, señor ministro de salud,
fue la salud más mortal
y la migraña extrajo tánta frente
de la frente! Y el mueble tuvo en su cajón, dolor,
el corazón, en su cajón, dolor,
la lagartija, en su cajón, dolor.
Crece la desdicha, hermanos hombres,
más pronto que la máquina, a diez máquinas, y crece
con la res de Rousseau, con nuestras barbas;
crece el mal por razones que ignoramos
y es una inundación con propios líquidos,
con propio barro y propia nube sólida!

Invierte el sufrimiento posiciones, da función
en que el humor acuoso es vertical
al pavimento,
el ojo es visto y esta oreja oída,
y esta oreja da nueve campanadas a la hora
del rayo, y nueve carcajadas
a la hora del trigo, y nueve sones hembras
a la hora del llanto, y nueve cánticos
a la hora del hambre y nueve truenos
y nueve látigos, menos un grito.

El dolor nos agarra, hermanos hombres,
por detrás, de perfil,
y nos aloca en los cinemas,
nos clava en los gramófonos,
nos desclava en los lechos, cae perpendicularmente
a nuestros boletos, a nuestras cartas;
y es muy grave sufrir, puede uno orar...
Pues de resultas
del dolor, hay algunos
que nacen, otros crecen, otros mueren,
y otros que nacen y no mueren, otros
que sin haber nacido, mueren, y otros
que no nacen ni mueren (son los más)
Y también de resultas
del sufrimiento, estoy triste
hasta la cabeza, y más triste hasta el tobillo,
de ver el pan, crucificado, al nabo,
ensangrentado,
llorando, a la cebolla,
al cereal, en general, harina
a la sal, hecha polvo, al agua, huyendo,
al vino, un ecce-homo,

tan pálida a la nieve, al sol tan ardio!
¡Cómo, hermanos humanos,
no deciros que ya no puedo y
ya no puedo con tánto cajón,
tánto minuto, tánta
lagartija y tánta
inversión, tánto lejos y tánta sed de sed!
Señor Ministro de Salud: ¿qué hacer?
¡Ah! desgraciadamente, hombres humanos,
hay, hermanos, muchísimo que hacer.

ME VIENE, HAY DÍAS UNA GANA
UBEERRIMA, POLÍTICA...

Me viene, hay días, una gana ubérrima, política,
de querer, de besar al cariño en sus dos rostros,
y me viene de lejos un querer
demostrativo, otro querer amar, de grado o fuerza,
al que me odia, al que rasga su papel, al muchachito,
a la que llora por el que lloraba,
al rey del vino, al esclavo del agua,
al que ocultóse en su ira,
al que suda, al que pasa, al que sacude su persona en
[mi alma.
Y quiero, por lo tanto, acomodarle
al que me habla, su trenza; sus cabellos, al soldado;
su luz, al grande; su grandeza, al chico.
Quiero planchar directamente
un pañuelo al que no puede llorar
y, cuando estoy triste o me duele la dicha,
remendar a los niños y a los genios.

Quiero ayudar al bueno a ser su poquillo de malo
y me urge estar sentado
a la diestra del zurdo, y responder al mudo,
tratando de serle útil en
lo que puedo y también quiero muchísimo
lavarle al cojo el pie,
y ayudarle a dormir al tuerto próximo.

¡Ah querer, éste, el mío, éste, el mundial,
interhumano y parroquial, provecto!
Me viene a pelo,
desde el cimiento, desde la ingle pública,
y, viniendo de lejos, da ganas de besarle
la bufanda al cantor,
y al que sufre, besarle en su sartén,
al sordo, en su rumor craneano, impávido;
al que me da lo que olvidé en mi seno,
en su Dante, en su Chaplin, en sus hombros.

Quiero, para terminar,
cuando estoy al borde célebre de la violencia
o lleno de pecho el corazón, querría
ayudar a reír al que sonríe,
ponerle un pajarillo al malvado en plena nuca,
cuidar a los enfermos enfadándolos,
comprarle al vendedor,
ayudarle a matar al matador –cosa terrible–
y quisiera yo ser bueno conmigo
en todo.

SERMÓN SOBRE LA MUERTE

Y, EN FIN, pasando luego al dominio de la muerte,
que actúa en escuadrón, previo corchete,
párrafo y llave, mano grande y diéresis,
¿a qué el pupitre asirio? ¿a qué el cristiano púlpito,
el intenso jalón del mueble vándalo
o, todavía menos, este esdrújulo retiro?
¿Es para terminar,
mañana, en prototipo del alarde fálico,
en diabetes y en blanca vacinica,
en rostro geométrico, en difunto,
que se hacen menester sermón y almendras,
que sobran literalmente patatas
y este espectro fluvial en que arde el oro
y en que se quema el precio de la nieve?
¿Es para eso, que morimos tánto?
¿Para sólo morir, tenemos que morir
a cada instante?
¿Y el párrafo que escribo?
¿Y el corchete deísta que enarbolo?
¿Y el escuadrón en que falló mi casco?
¿Y la llave que va a todas las puertas?
¿Y la forense diéresis, la mano,
mi patata y mi carne y mi contradicción bajo la
                                    [sábana?

¡Loco de mí, lovo de mí, cordero
de mí, sensato, caballísimo de mí!
¡Pupitre, sí, toda la vida; púlpito,
también, toda la muerte!
Sermón de la barbarie: estos papeles;
esdrújulo retiro: este pellejo.

De esta suerte, cogitabundo, aurífero, brazudo,
defenderé mi presa en dos momentos,
con la voz y también con la laringe,
y del olfato físico con que oro
y del instinto de inmovilidad con que ando,
me honraré mientras viva —hay que decirlo;
se enorgullecerán mis moscardones,
porque, al centro, estoy yo, y a la derecha,
también, y, a la izquierda, de igual modo.

CONSIDERANDO EN FRÍO,
IMPARCIALMENTE...

Considerando en frío, imparcialmente,
que el hombre es triste, tose y, sin embargo,
se complace en su pecho colorado;
que lo único que hace es componerse
de días;
que es lóbrego mamífero y se peina...

Considerando
que el hombre procede suavemente del trabajo
y repercute jefe, suena subordinado;
que el diagrama del tiempo
es constante diorama en sus medallas
y, a medio abrir, sus ojos estudiaron,
desde lejanos tiempos,
su fórmula famélica de masa...

Comprendiendo sin esfuerzo
que el hombre se queda, a veces, pensando,
como queriendo llorar,
y, sujeto a tenderse como objeto,
se hace buen carpintero, suda, mata
y luego canta, almuerza, se abotona...

Considerando también
que el hombre es en verdad un animal
y, no obstante, al voltear, me da con su tristeza en la
[cabeza...

Examinando, en fin,
sus encontradas piezas, su retrete,
su desesperación, al terminar su día atroz,
                              [borrándolo...

Comprendiendo
que él sabe que le quiero,
que le odio con afecto y me es, en suma, indiferente...

Considerando sus documentos generales
y mirando con lentes aquel certificado
que prueba que nació muy pequeñito...

le hago una seña,
viene,
y le doy un abrazo, emocionado.
¡Qué más da! Emocionado... Emocionado...

PIEDRA NEGRA SOBRE UNA PIEDRA BLANCA

Me moriré, en París con aguacero,
un día del cual tengo ya el recuerdo.
Me moriré en París —y no me corro—
talvez un jueves, como es hoy, de otoño.

Jueves será, porque hoy, jueves, que proso
estos versos, los húmeros me he puesto
a la mala y, jamás como hoy, me he vuelto,
con todo mi camino, a verme solo.

César Vallejo ha muerto, le pegaban
todos sin que él les haga nada;
le daban duro con un palo y duro

también con una soga; son testigos
los días jueves y los huesos húmeros,
la soledad, la lluvia, los caminos...

DE DISTURBIO EN DISTURBIO...

De disturbio en disturbio
subes a acompañarme a estar solo;
yo lo comprendo andando de puntillas,
con un pan en la mano, un camino en el pie
y haciendo, negro hasta sacar espuma,
mi perfil su papel espeluznante.

Ya habías disparado para atrás tu violencia
neumática, otra época, mas luego
me sostienes ahora en brazo de honra fúnebre
y sostienes el rumbo de las cosas en brazo de honra
                                        [fúnebre,
la muerte de las cosas resumida en brazo de honra
                                        [fúnebre.

Pero, realmente y puesto
que tratamos de la vida,
cuando el hecho de entonces eche crin en tu mano,
al seguir tu rumor como regando,
cuando sufras en suma de kanguro,
olvídame, sosténme todavía, compañero de cantidad
                                        [pequeña,
azotado de fechas con espinas,
olvídame y sosténme por el pecho,
jumento que te paras en dos para abrazarme;
duda de tu excremento unos segundos,
observa cómo el aire empieza a ser el cielo
                                        [levantándose,
hombrecillo,
hombrezuelo,

hombre con taco, quiéreme, acompáñame...
Ten presente que un día
ha de cantar un mirlo de sotana
sobre mi tonelada ya desnuda.
(Cantó un mirlo llevando las cintas de mi gramo entre
[su pico)

Ha de cantar calzado de este sollozo innato,
hombre con taco,
y simultánea, doloridamente,
ha de cantar calzado de mi paso,
y no oírlo, hombrezuelo, será malo,
será denuesto y hoja,
pesadumbre, trenza, humo quieto.

Perro parado al borde de una piedra
es el vuelo en su curva;
también tenlo presente, hombrón hasta arriba.
Te lo recordarán el peso bajo, de ribera adversa,
el peso temporal, de gran silencio,
más eso de los meses y aquello que regresa de los
[años.

INTENSIDAD Y ALTURA

Quiero escribir, pero me sale espuma,
quiero decir muchísimo y me atollo;
no hay cifra hablada que no sea suma,
no hay pirámide escrita, sin cogollo.

Quiero escribir, pero me siento puma;
quiero laurearme, pero me encebollo.
No hay toz hablada, que no llegue a bruma,
no hay dios ni hijo de dios, sin desarrollo.

Vámonos, pues, por eso, a comer yerba,
carne de llanto, fruta de gemido,
nuestra alma melancólica en conserva.

Vámonos! Vámonos! Estoy herido;
Vámonos a beber lo ya bebido,
vámonos, cuervo, a fecundar tu cuerva.

PANTEÓN

He visto ayer sonidos generales,
                              mortuoriamente,
                              puntualmente alejarse,
cuando oí desprenderse del ocaso
                              tristemente
                              exactamente un arco, un
                                                  [arcoíris.
Vi el tiempo generoso del minuto,
                              infinitamente
atado locamente al tiempo grande,
pues que estaba la hora
                              suavemente,
premiosamente henchida de dos horas.

Dejóse comprender, llamar, la tierra
                              terrenalmente;
negóse brutalmente así a mi historia,
y si vi, que me escuchen, pues, en bloque,
si toqué esta mecánica, que vean
                              lentamente,
despacio, vorazmente, mis tinieblas.

Y si vi en la lesión de la respuesta,
                              claramente,
la lesión mentalmente de la incógnita,
si escuché, si pensé en mis ventanillas
nasales, funerales, temporales,
                              fraternalmente,
piadosamente echadme a los filósofos.

Mas no más inflexión precipitada
en canto llano, y no más
el hueso colorado, el son del alma
                              tristemente
erguida ecuestremente en mi espinazo,
ya que, en suma la vida es
                              implacablemente,
imparcialmente horrible, estoy seguro.

¡Y SI DESPUÉS DE TANTAS PALABRAS...!

¡Y si después de tántas palabras,
no sobrevive la palabra!
¡Si después de las alas de los pájaros,
no sobrevive el pájaro parado!
¡Más valdría, en verdad,
que se lo coman todo y acabemos!

¡Haber nacido para vivir de nuestra muerte!
¡Levantarse del cielo hasta la tierra
por sus propios desastres
y espiar el momento de apagar con su sombra su
                             [tiniebla!
¡Más valdría, francamente,
que se lo coman todo y qué más da!...

¡Y si después de tánta historia, sucumbimos,
no ya de eternidad,
sino de esas cosas sencillas, como estar
en la casa o ponerse a cavilar!
¡Y si luego encontramos,
de buenas a primeras, que vivimos,
a juzgar por la altura de los astros,
por el peine y las manchas del pañuelo!
¡Más valdría, en verdad,
que se lo coman todo, desde luego!

Se dirá que tenemos
en uno de los ojos mucha pena
y también en el otro, mucha pena
y en los dos, cuando miran, mucha pena...
Entonces... ¡Claro!... Entonces... ¡ni palabra!

LOS DESGRACIADOS

Ya va a venir el día; da
cuerda a tu brazo, búscate debajo
del colchón, vuelve a pararte
en tu cabeza, para andar derecho.

Ya va a venir el día, ponte el saco.
Ya va a venir el día; ten
fuerte en la mano a tu intestino grande, reflexiona
antes de meditar, pues es horrible
cuando le cae a uno la desgracia
y se le cae a uno a fondo el diente.

Necesitas comer, pero, me digo,
no tengas pena, que no es de pobres
la pena, el sollozar junto a su tumba;
remiéndate, recuerda,
confía en tu hilo blanco, fuma, pasa lista
a tu cadena y guárdala detrás de tu retrato.
Ya va a venir el día, ponte el alma.

Ya va a venir el día; pasan,
han abierto en el hotel un ojo,
azotándolo, dándole con un espejo tuyo...
¿Tiemblas? Es el estado remoto de la frente
y la nación reciente del estómago.
Roncan aún... ¡Qué universo se lleva este ronquido!
¡Cómo quedan tus poros, enjuiciándolo!
¡Con cuántos doses ¡ay! estás tan solo!
Ya va a venir el día, ponte el sueño.

Ya va a venir el día, repito
por el órgano oral de tu silencio
y urge tomar la izquierda con el hambre
y tomar la derecha con la sed; de todos modos,
abstente de ser pobre con los ricos,
atiza
tu frío, porque en él se integra mi calor, amada
                                         [víctima.
Ya va a venir el día, ponte el cuerpo.

Ya va a venir el día;
la mañana, la mar, el meteoro, van
en pos de tu cansancio, con banderas,
y, por tu orgullo clásico, las hienas
cuentan sus pasos al compás del asno,
la panadera piensa en ti,
el carnicero piensa en ti, palpando
el hacha en que están presos
el acero y el hierro y el metal; jamás olvides
que durante la misa no hay amigos.
Ya va a venir el día, ponte el sol.

Ya viene el día; dobla
el aliento, triplica
tu bondad rencorosa
y da codos al miedo, nexo y énfasis,
pues tú, como se observa en tu entrepierna y siendo
el malo ¡ay! inmortal,
has soñado esta noche que vivías
de nada y morías de todo...

ALFONSO, ESTÁS MIRÁNDOME, LO QUE VEO...

Alfonso: estás mirándome, lo veo,
desde el plano implacable donde moran
lineales los siempres, lineales los jamases.
(Esa noche, dormiste, entre tu sueño y mi sueño,
en la rue de Ribouté)
Palpablemente
tu inolvidable cholo te oye andar
en París, te siente en el teléfono callar
y toca en el alambre a tu último acto
tomar peso, brindar
por la profundidad, por mí, por ti.

Yo todavía
compro *du vin, du lait, comptant les sous*
bajo mi abrigo, para que no me vea mi alma,
bajo mi abrigo aquel, querido Alfonso,
y bajo el rayo simple de la sien compuesta;
yo todavía sufro, y tú, ya no, jamás hermano!
(Me han dicho que en tus siglos de dolor,
amado sér,
amado estar,
hacías ceros de madera. ¿Es cierto?)

En la *boîte de nuit*, donde tocabas tangos,
tocando tu indignada criatura su corazón,
escoltado de ti mismo, llorando

por ti mismo y por tu enorme parecido con tu
                                          [sombra,
monsieur Fourgat, el patrón, ha envejecido.
¿Decírselo? ¿Contárselo? No más,
Alfonso; eso, ya nó!

El hotel des Écoles funciona siempre
y todavía compran mandarinas;
pero yo sufro, como te digo,
dulcemente, recordando
lo que hubimos sufrido ambos, a la muerte de ambos,
en la apertura de la doble tumba,
de esa otra tumba con tu sér,
y de ésta de caoba con tu estar;
sufro, bebiendo un vaso de ti, Silva,
un vaso para ponerse bien, como decíamos,
y después, ya veremos lo que pasa...

Es éste el otro brindis, entre tres,
taciturno, diverso
en vino, en mundo, en vidrio, al que brindábamos
más de una vez al cuerpo,
y, menos de una vez, al pensamiento.
Hoy es más diferente todavía;
hoy sufro dulce, amargamente,
bebo tu sangre en cuanto a Cristo el duro,
como tu hueso en cuanto a Cristo el suave,
porque te quiero, dos a dos, Alfonso,
y casi lo podría decir, eternamente.

TRASPIÉ ENTRE DOS ESTRELLAS

¡Hay gentes tan desgraciadas, que ni siquiera
tienen cuerpo; cuantitativo el pelo,
baja, en pulgadas, la genial pesadumbre;
el modo, arriba;
no me busques, la muela del olvido,
parecen salir del aire, sumar suspiros mentalmente,
                                                     [oír
claros azotes en sus paladares!

Vanse de su piel, rascándose el sarcófago en que nacen
y suben por su muerte de hora en hora
y caen, a lo largo de su alfabeto gélido, hasta el suelo.

¡Ay de tánto! ¡ay de tan poco! ¡ay de ellas!
¡Ay de mi cuarto, oyéndolas con lentes!
¡Ay de mi tórax, cuando compran trajes!
¡Ay de mi mugre blanca, en su hez mancomunada!

¡Amadas sean las orejas sánchez,
amadas las personas que se sientan,
amado el desconocido y su señora,
el prójimo con mangas, cuello y ojos!

¡Amado sea aquel que tiene chinches,
el que lleva zapato roto bajo la lluvia,
el que vela el cadáver de un pan con dos cerillas,
el que se coge un dedo en una puerta,
el que no tiene cumpleaños,
el que perdió su sombra en un incendio,
el animal, el que parece un loro,

el que parece un hombre, el pobre rico,
el puro miserable, el pobre pobre!

¡Amado sea el que tiene hambre o sed, pero no tiene
hambre con qué saciar toda su sed, ni sed
con qué saciar todas sus hambres!

¡Amado sea
el que trabaja al día, al mes, a la hora,
el que suda de pena o de vergüenza,
aquel que va, por orden de sus manos, al cinema,
el que paga con lo que le falta,
el que duerme de espaldas,
el que ya no recuerda su niñez; amado sea
el calvo sin sombrero,
el justo sin espinas,
el ladrón sin rosas,
el que lleva reloj y ha visto a Dios,
el que tiene un honor y no fallece!

¡Amado sea el niño, que cae y aún llora
y el hombre que ha caído y ya no llora!

¡Ay de tánto! ¡Ay de tan poco! ¡Ay de ellos!

UN HOMBRE PASA CON UN PAN AL HOMBRO...

Un hombre pasa con un pan al hombro
¿Voy a escribir, después, sobre mi doble?

Otro se sienta, ráscase, extrae un piojo de su axila,
                                              [mátalo
¿Con qué valor hablar del psicoanálisis?

Otro ha entrado a mi pecho con un palo en la mano
¿Hablar luego de Sócrates al médico?

Un cojo pasa dando el brazo a un niño
¿Voy, después, a leer a André Bretón?

Otro tiembla de frío, tose, escupe sangre
¿Cabrá aludir jamás al Yo profundo?

Otro busca en el fango huesos, cáscaras
¿Cómo escribir, después, del infinito?

Un albañil cae de un techo, muere y ya no almuerza
¿Innovar, luego, el tropo, la metáfora?

Un comerciante roba un gramo en el peso a un cliente
¿Hablar, después, de cuarta dimensión?

Un banquero falsea su balance
¿Con qué cara llorar en el teatro?

Un paria duerme con el pie a la espalda
¿Hablar, después, a nadie de Picasso?

Alguien va en un entierro sollozando
¿Cómo luego ingresar a la Academia?

Alguien limpia un fusil en su cocina
¿Con qué valor hablar del más allá?

Alguien pasa contando con sus dedos
¿Cómo hablar del no-yó sin dar un grito?

EL ALMA QUE SUFRIÓ DE SER
SU CUERPO

Tú sufres de una glándula endocrínica, se ve,
o, quizá,
sufres de mí, de mi sagacidad escueta, tácita.
Tú padeces del diáfano antropoide, allá, cerca,
donde está la tiniebla tenebrosa.
Tú das vuelta al sol, agarrándote el alma,
extendiendo tus juanes corporales
y ajustándote el cuello; eso se ve.
Tú sabes lo que te duele,
lo que te salta al anca,
lo que baja por ti con soga al suelo.
Tú, pobre hombre, vives; no lo niegues,
si mueres; no lo niegues,
si mueres de tu edad ¡ay! y de tu época.
Y, aunque llores, bebes,
y, aunque sangres, alimentas a tu híbrido colmillo,
a tu vela tristona y a tus partes.
Tú sufres, tú padeces y tú vuelves a sufrir
                                  [horriblemente,
desgraciado mono,
jovencito de Darwin,
alguacil que me atisbas, atrocísimo microbio.

Y tú lo sabes a tal punto,
que lo ignoras, soltándote a llorar.
Tú, luego, has nacido; eso
también se ve de lejos, infeliz y cállate,
y soportas la calle que te dio la suerte
y a tu ombligo interrogas: ¿dónde? ¿cómo?

Amigo mío, estás completamente,
hasta el pelo, en el año treinta y ocho,
nicolás o santiago, tal o cual,
estés contigo o con tu aborto o conmigo
y cautivo en tu enorme libertad,
arrastrado por tu hércules autónomo...
Pero si tú calculas en tus dedos hasta dos,
es peor; no lo niegues, hermanito.

¿Que nó? ¿Que sí, pero que nó?
¡Pobre mono!... ¡Dame la pata!... No. La mano, he
[dicho.
¡Salud! ¡Y sufre!

DE: *ESPAÑA, APARTA DE MÍ ESTE CÁLIZ*

III

Solía escribir con su dedo grande en el aire:
"¡Viban los compañeros! Pedro Rojas",
de Miranda de Ebro, padre y hombre,
marido y hombre, ferroviario y hombre,
padre y más hombre. Pedro y sus dos muertes.

Papel de viento, lo han matado: ¡pasa!
Pluma de carne, lo han matado: ¡pasa!
¡Abisa a todos compañeros pronto!

Palo en el que han colgado su madero;
lo han matado; ¡lo han matado
al pie de su dedo grande!
¡Han matado, a la vez, a Pedro, a Rojas!

¡Viban los compañeros
a la cabecera de su aire escrito!
¡Viban con esta b del buitre en las entrañas
de Pedro
y de Rojas, del héroe y del mártir!
Registrándole, muerto, sorprendiéronle
en su cuerpo un gran cuerpo, para
el alma del mundo,
y en la chaqueta una cuchara muerta.

Pedro también solía comer
entre las criaturas de su carne, asear, pintar
la mesa y vivir dulcemente
en representación de todo el mundo.

Y esta cuchara anduvo en su chaqueta,
despierto o bien cuando dormía, siempre,
cuchara muerta viva, ella y sus símbolos.
¡Abisa a todos compañeros pronto!
¡Viban los compañeros al pie de esta cuchara para
                                        [siempre!

Lo han matado, obligándole a morir
a Pedro, a Rojas, al obrero, al hombre, a aquel
que nació muy niñín, mirando al cielo,
y que luego creció, se puso rojo
y luchó con sus células, sus nos, sus todavías, sus
                                          [hambres, sus pedazos.
Lo han matado suavemente
entre el cabello de su mujer, la Juana Vázquez,
a la hora del fuego, al año del balazo
y cuando andaba cerca ya de todo.

Pedro Rojas, así, después de muerto
se levantó, besó su catafalco ensangrentado,
lloró por España
y volvió a escribir con el dedo en el aire:
"¡Viban los compañeros! Pedro Rojas".
Su cadáver estaba lleno de mundo.

V

IMAGEN ESPAÑOLA DE LA MUERTE

¡Ahí pasa! ¡Llamadla! ¡Es su costado!
Ahí pasa la muerte por Irún:
sus pasos de acordeón, su palabrota,
su metro del tejido que te dije,
su gramo de aquel peso que he callado ¡si son ellos!

¡Llamadla! ¡Daos prisa! Va buscándome en los rifles,
como que sabe bien dónde la venzo,
cuál es mi maña grande, mis leyes especiosas, mis
                            [códigos terribles.
¡Llamadla! Ella camina exactamente como un
                        [hombre, entre las fieras,
se apoya de aquel brazo que se enlaza a nuestros pies
cuando dormimos en los parapetos
y se para a las puertas elásticas del sueño.

¡Gritó! ¡Gritó! ¡Gritó su grito nato, sensorial!
Gritará de vergüenza, de ver cómo ha caído entre las
                            [plantas,
de ver cómo se aleja de las bestias,
de oír cómo decimos: ¡Es la muerte!
¡De herir nuestros más grandes intereses!

(Porque elabora su hígado la gota que te dije,
                            [camarada;
porque se come el alma del vecino)
¡Llamadla! Hay que seguirla
hasta el pie de los tanques enemigos,

que la muerte es un ser sido a la fuerza,
cuyo principio y fin llevo grabados
a la cabeza de mis ilusiones,
por mucho que ella corra el peligro corriente
que tú sabes
y que haga como que hace que me ignora.

¡Llamadla! No es un ser, muerte violenta,
sino, apenas, lacónico suceso;
más bien su modo tira, cuando ataca,
tira a tumulto simple, sin órbitas ni cánticos de dicha;
más bien tira su tiempo audaz, céntimo impreciso
y sus sordos quilates, a déspotas aplausos.
Llamadla, que en llamándola con saña, con figuras,
se la ayuda a arrastrar sus tres rodillas,
como, a veces, a veces
duelen, punzan fracciones enigmáticas,
                                          [globales,
como, a veces, me palpo y no me siento.

¡Llamadla! ¡Daos prisa! Va buscándome,
con su *cognac,* su pómulo moral,
sus pasos de acordeón, su palabrota.
¡Llamadla! No hay que perderle el hilo en que la
                                                 [lloro.
De su olor para arriba, ¡ay de mi polvo, camarada!
De su olor para arriba, ¡ay de mi férula, teniente!
De su imán para abajo, ¡ay de mi tumba!

XII

MASA

A<small>L FIN</small> de la batalla,
y muerto el combatiente, vino hacia él un hombre
y le dijo: "No mueras, te amo tanto!"
Pero el cadáver ¡ay! siguió muriendo.

Se le acercaron dos y repitiéronle:
"No nos dejes! ¡Valor! ¡Vuelve a la vida"
Pero el cadáver ¡ay! siguió muriendo.

Acudieron a él veinte, cien, mil, quinientos mil,
clamando: "Tanto amor y no poder nada contra la
[muerte!"
pero el cadáver ¡ay! siguió muriendo.
Le rodearon millones de individuos,
con un ruego común: "¡Quédate hermano!"
Pero el cadáver ¡ay! siguió muriendo.

Entonces, todos los hombres de la tierra
le rodearon; les vio el cadáver triste, emocionado;
incorporóse lentamente,
abrazó al primer hombre; echóse a andar...

XV

ESPAÑA, APARTA DE MÍ ESTE CÁLIZ

Niños del mundo,
si cae España –digo, es un decir–
si cae
del cielo abajo su antebrazo que asen,
en cabestro, dos láminas terrestres;
niños, ¡qué edad la de las sienes cóncavas!
¡qué pronto en vuestro pecho el ruido anciano!
qué viejo vuestro 2 en el cuaderno!

¡Niños del mundo, está
la madre España con su vientre a cuestas;
está nuestra maestra con sus férulas,
está madre y maestra,
cruz y madera, porque os dio la altura,
vértigo y división y suma, niños;
está con ella, padres procesales!

Si cae –digo, es un decir– si cae
España, de la tierra para abajo,
niños, ¡cómo vais a cesar de crecer!
¡cómo va a castigar el año al mes!
¡cómo van a quedarse en diez los dientes,
en palote el diptongo, la medalla en llanto!
¡Cómo va el corderillo a continuar
atado por la pata al gran tintero!
¡Cómo vais a bajar las gradas del alfabeto
hasta la letra en que nació la pena!
Niños,

hijos de los guerreros, entretanto,
bajad la voz, que España está ahora mismo
[repartiendo
la energía entre el reino animal,
las florecillas, los cometas y los hombres.

¡Bajad la voz, que está
con su rigor, que es grande, sin saber
qué hacer, y está en su mano
la calavera hablando y habla y habla,
la calavera, aquélla de la trenza,
la calavera, aquélla de la vida!

¡Bajad la voz, os digo;
bajad la voz, el canto de las sílabas, el llanto
de la materia y el rumor menor de las pirámides, y aún
el de las sienes que andan con dos piedras!
¡Bajad el aliento, y si
el antebrazo baja,
si las férulas suenan, si es la noche,
si el cielo cabe en dos limbos terrestres,
si hay ruido en el sonido de las puertas,
si tardo,
si no veis a nadie, si os asustan
los lápices sin punta, si la madre
España cae –digo, es un decir–
salid, niños del mundo; id a buscarla!...

CARA CRUZ 7

AQUÍ TERMINA CARA

AQUÍ TERMINA CRUZ

CARA CRUZ

BIBLIOGRAFÍA

Varios. *Caminando con César Vallejo*. Actas del Coloquio Internacional sobre César Vallejo: Grenoble, mayo de 1988. (Lima: Editorial Perla), 1988.

Vélez, J. / Merino, A. *España en César Vallejo*. II Tomos (Madrid: Fundamentos, 1984.)

BIBLIOGRAFÍA

Lastra, Pedro. "Se encontró la primera edición de España, aparta de mí este cáliz". Entrevista con Tomás G. Escajadillo. Runa [Lima] Revista del Instituto Nacional de Cultura, núm. 7-8, julio, pp. 15-17, 1978.

Lévano, César. " ¿Neruda contra Vallejo?" En *Caretas* [Lima] núm. 486, oct 22-Nov 2, pp. 40b-40c., 1973.

Orrego, Antenor. "Palabras prologales a Trilce". Varios, 1974, pp. 199-209, 1922.

Paoli, Roberto. "¿Por qué Vallejo? Un revolucionario del idioma". Varios, 1988, pp. 215-236.

"La poesía de César Vallejo a la luz de sus variantes". En *Il Confronto Letterario* [Universitá di Pavia] Anno VIII, n. 14, Maggic, pp. 85-102.

Silva Tuesta, Max. "Un enfoque psicoanalítico sobre Vallejo". Varios, 1988, pp/ 287-302, 1988.

Sobrevilla, David. "Una lectura estructuralista de Vallejo". San Marcos [U. N. M. B. M., Lima] núms. 12 y 13, 1975, pp. 57-83 y 123-154, 1975

"Una edición y un comentario sobre la obra vallejiana". En Ruray [Lima] núm. 1, Abril, pp. *4-9, 1980.*

Spelucín, Alcides. "Contribución al conocimiento de César Vallejo y de las primeras etapas de su evolución poética". Varios, 1974, pp. 171-198, 1962.

Valencia-Arenas, José F. "La palabra trilce". En *Letras Peruanas* [Lima], 1957, pp. 72-73. (Reproducido en "El Comercio" [Lima] del 4 de febrero de 1978.) 1957.

Valente, José ángel. "César Vallejo, desde esta orilla". En *Las palabras de la tribu* (Madrid: Siglo XXI), pp. 144-160., 1971.

Valverde, José María. "Notas de entrada a la poesía de César Vallejo (1948)" y "César Vallejo y la palabra inocente" (de 1949). En *Estudios sobre la palabra poética* (Madrid: 2da. ed., Rialp), pp. 21-57 y 59-96), 1958.

Varios. *César Vallejo. El escritor y la crítica.* Edición de Julio Ortega (Madrid: Taurus), 1974.

BIBLIOGRAFÍA

Poesías completas (1918-1938). Recopilación, prólogo y notas de César Miró (Buenos Aires: Losada), 1949.

El arte y la revolución (Lima: Mosca azul), 1973.

Poesía completa. Edición crítica y exegética al cuidado de Juan Larrea (Barcelona: Barral Editores), 1978.

Sobre César Vallejo

Abril, Xavier. *César Vallejo o la teoría poética* (Madrid: Taurus), 1962.

Ballón A., Enrique. *Vallejo como paradigma* (Lima: INC), 1974.

Coyné, André. *César Vallejo* (Buenos Aires: Nueva Visión), 1968.

"Vallejo: texto y sentido" en *Hueso húmero* [Lima] núm. 5-6, Abr-Set, pp. 141-154, 1980

"Ya que de vallejismos se trata". Varios, 1988, pp. 59-92, 1988.

Devoto, Daniel. "César Vallejo". Varios, 1974, pp. 229-232, 1950.

Díaz-Casanueca, Humberto. "Reseña a poesías complejas (1949)". Varios, 1974, pp. 225-227, 1949.

Escobar, Alberto. "Una discutible edición de Vallejo". En *Museo número* [Lima] núm. 5-6, Abr-Set, pp. 134-140, 1980.

Espejo Asturrizaga, Juan. *César Vallejo. Itinerario del hombre* (Buenos Aires/ Lima: Juan Mejía Baca), 1965.

Fernández Moreno, César. "Intensidad y altura: lectura desprevenida". En *¿Poetizar o politizar?* (Buenos Aires: Losada), pp. 112-113, 1973.

Ferrari, Américo. *El universo poético de César Vallejo* (Caracas: Monte Ávila), 1974.

Ghiano, Juan Carlos. "Vallejo y Darío". Varios, 1974, pp. 95-105, 1969.

Higgins, James. *Visión del hombre y de la vida en las últimas obras poéticas de César Vallejo* (México: Siglo XXI), 1970.

BIBLIOGRAFÍA

De César Vallejo

Los heraldos negros. Lima, 1919.

Trilce. Talleres tipográficos de la Penitenciaría. Lima, 1922. 2a. edición: Compañía Iberoamericana de Publicaciones. Madrid, 1930 (prólogo de José Bergamín).

Poemas humanos. Epílogos de D. Alberto Sánchez y Jean Cassou. Nota bio-bibliográfica de Raúl Porras Barrenechea. Edición de Georgette Vallejo y Raúl Porras B. Editions des Presses Modernes. París, 1939.

Los heraldos negros. Trilce. Poemas humanos. España, aparta de mí este cáliz. (Cuatro tomos). Editora Perú Nuevo, Lima, 1961.

Los heraldos negros. Trilce. Poemas humanos. (tres tomos) Losada, Buenos Aires, 1961.

Poemas humanos / Human poems (edición bilingüe, traducción y ordenación de Clayton Eshleman) Grove press Inc. Nueva York, 1969.

Obra poética completa. Moncloa editores, Lima, 1968. (Edición con facsímiles; prologada por Américo Ferrari). *El romanticismo en la poesía castellana*. Mejía Baca y Villanueva, Lima, 1955.

Novelas y cuentos completos. Moncloa editores, Lima, 1967.

España, aparta de mí este cáliz. Prólogo de Juan Larrea. Dibujo de Pablo Picasso. Edición al cuidado de Manuel Altolaguirre (España: Ediciones Literarias del Comisario, Ejército del Este), 1939.

A propósito de

CÉSAR VALLEJO
y su obra

A propósito de

CÉSAR VALLEJO
y su obra

COLECCIÓN CARA Y CRUZ

GRUPO EDITORIAL NORMA

Barcelona, Buenos Aires, Caracas,
Guatemala, Lima, México, Panamá, Quito, San José,
San Juan, San Salvador, Santafé de Bogotá, Santiago.

CONTENIDO

LA POESÍA DE CÉSAR VALLEJO
Fernando Charry Lara 9

LA ESTELA DEL SALMÓN
Edgar O'Hara 33

CITAS A PROPÓSITO DE
CÉSAR VALLEJO 55

CRONOLOGÍA 59

BIBLIOGRAFÍA 81

LA POESÍA DE CÉSAR VALLEJO

Fernando Charry Lara

UNO DE DE LOS POCOS RECONOCIMIENTOS QUE, EN vida suya, alcanzó César Vallejo, fue el de figurar en un histórico tomo: *Antología de la poesía española e hispanoamericana (1882-1932)* de Federico de Onís, que apareció en Madrid en 1934. Ocurría ello a los 42 años de su edad. Es cierto que su nombre también se había encontrado en el *Índice de la nueva poesía americana* que, con prólogos de Alberto Hidalgo, Vicente Huidobro y Jorge Luis Borges, vio la luz en Buenos Aires en 1926. Mas el hecho de ser tenido en cuenta en la antología de Onís, de amplia divulgación tanto en América como en la península, pudo ser considerado por muchos como consagratorio ya que era grande, con justicia, el prestigio que rodeaba a la obra crítica del catedrático de la Universidad de Columbia. Los poemas de Vallejo no dejaron de destacarse en cuantas selecciones de la poesía moderna en lengua castellana se han publicado desde entonces en diversos países. La más exigente de ellas, *Laurel*, salida en México en 1941 por iniciativa de José Bergamín y con la colaboración de Xavier Villaurrutia (quien parece haber sido su responsable), Emilio Prados, Octavio Paz y Juan Gil-Albert, incluyó la creación del poeta peruano, muerto tres años antes en la capital francesa, con algunas muestras de sus libros y de sus versos póstu-

mos. Estos últimos no estaban aún en ese momento suficientemente divulgados.

Dentro de las clasificaciones que hizo Onís en aquel volumen, se encasilló a César Vallejo en el Ultraísmo. Éste fue tenido como manifestación de la insurgencia juvenil que recogía, en el mundo hispánico, a varios movimientos literarios surgidos, principalmente en Europa, hacia la segunda década del siglo xx. Se proyectó ante todo en la poesía. Según su manifiesto, de 1918, "Nuestra literatura debe renovarse; debe lograr su *ultra*, y en nuestro credo cabrán todas las tendencias, sin distinción, con tal que expresen un anhelo nuevo. Más tarde, estas tendencias lograrán su núcleo y se definirán". El *Ultra*, como el resto de los Ismos, señaló a la imagen poética como vital estímulo de la lírica. Y aspiró, aunque en menor grado que el Futurismo italiano, a que en su temática apareciera la dinámica de la vida moderna, con el ritmo de su velocidad y de sus adelantos industriales. Y a que mostrase su novedad con metáforas ajenas al sentimentalismo y a cierta retórica, que juzgaba envejecida, del verso modernista. Jorge Luis Borges, en su raudo paso por el Ultraísmo (del que pronto iría a desertar y a arrepentirse) intentó definir mejor su programa: "Reducción de la lírica a su elemento primordial: la metáfora. Síntesis de dos o más imágenes en una, que ensancha así su facultad de sugerencia".

Debió Vallejo, posiblemente, leer en Lima algunas revistas del *Ultra*, como *Cervantes*, que se editó en Madrid entre 1916 y 1920. En las páginas de ésta se dieron a conocer, entre otras primicias, poemas ultraístas junto con los creacionistas que seguían a Vicente Huidobro, los manifiestos del Dadaísmo, una

antología de recientes poetas franceses y la traducción que hizo Rafael Cansinos Asséns de *Un coup de dés...* de Stéphane Mallarmé. Tales fueron acaso sus iniciales lecturas vanguardistas. Pero no le convencería un aspecto esencial en la poética de éstas, en cuanto aspiraban, como el Ultraísmo, a despojar al arte de su dimensión trascendente llevando la poesía a lo que llamaron *un fino juego*: el mito de la poesía lúdica. Además, los ultraístas, que confiaban en la autonomía del arte, aspiraron a la creación de un mundo poético independiente del mundo de lo real emancipado de cualquier nexo con lo humano. Se pretendía establecer separación entre la realidad estética de la poesía y la realidad objetiva circundante. De ahí que en sus poemas la naturaleza, los objetos y los seres aparezcan como transformados y desrealizados. Un defensor de esta actitud, el crítico Antonio Marichalar, escribió en 1924 en *Revista de Occidente* de Madrid: "La vida es una cosa demasiado seria para, con ella, hacer literatura. Precisa distinguir bien los elementos artísticos y los vitales para saber dar al arte lo que es del arte. Y hoy, más que nunca, se cuida y se procura esa distinción".

La posición de César Vallejo, desde el comienzo de su escritura poética, se mostró enteramente contraria a esa voluntad de juego y de desmaterialización de la poesía que ambicionaba el Ultraísmo. De modo que difícilmente podría catalogársele de poeta ultraísta. Por el contrario, varias veces acusó a la generación vanguardista del decenio de 1920, que era su propia generación, de ser tan retórica, plagiaria y simuladora como, a su juicio, lo habían sido las anteriores generaciones de nuestros países. Y la juzgó "impotente para crear o realizar un espíritu propio, hecho de verdad, de vida, en

fin, de sana y auténtica inspiración humana". En 1927 reclamó a sus jóvenes compañeros una disposición que, en definitiva, debería sustentarse en la ética:

> Hay un timbre humano, un sabor vital y de subsuelo, que contiene, a la vez, la corteza indígena y el sustratum común a todos los hombres, al cual propende el artista, a través de no importa qué disciplinas, teorías o procesos creadores. Dése esa emoción sana, natural, sincera, es decir, prepotente y eterna y no importa de dónde vengan y cómo sean los menesteres de estilo, técnica, procedimientos. A este rasgo de hombría conmino a mi generación.

SUS PRIMERAS LECTURAS POÉTICAS

EN SEPTIEMBRE DE 1915, A LOS 23 AÑOS, OCURREN dos hechos de importancia en su vida. Se gradúa de bachiller en letras en la Universidad de Trujillo con una tesis sobre *El romanticismo en la poesía castellana*, de la cual se ha destacado su simpatía por quienes anunciaron algunos aspectos de la lírica moderna: los románticos alemanes. Y en ese mismo mes se da a conocer como poeta, con una lectura en acto público y mediante la publicación de composiciones suyas en la prensa de esa ciudad. Se sabe que había leído, adolescente, a autores mexicanos como Manuel Acuña (1849-1873) y Juan de Dios Peza (1852-1910) y posteriormente a otros poetas de esa misma nación que ya avanzaban del romanticismo hacia el modernismo: Salvador Díaz Mirón (1853-1928) y Manuel Gutiérrez Nájera (1859-1895). Dejándolos de lado, buscó luego la lección de

LA POESÍA DE CÉSAR VALLEJO

modernistas como Rubén Darío (1867-1916), José Santos Chocoano (1875-1934) y Francisco Villaespesa (1877-1936). Sobre el nada superficial americanismo del nicaragüense ("Darío de las Américas celestes"), a quien admiraría toda su vida, escribió:

(José Enrique) Rodó dijo de Rubén Darío que no era el poeta de América, sin duda porque Darío no prefirió, como Chocano y otros, el tema, los materiales artísticos y el propósito deliberadamente americano en su poesía. Rodó olvidaba que para ser poeta de América le bastaba a Darío la sensibilidad americana, cuya autenticidad, a través del cosmopolitismo y universalidad de su obra, es evidente y nadie puede poner en duda.

Otra devoción que tendría Vallejo, en ese tiempo, fue la antología *La poesía francesa moderna,* compilada por Enrique Díez-Canedo y Fernando Fortún, que se editó en Madrid en 1913 y mereció la más fervorosa acogida en escritores jóvenes de Hispanoamérica. Ese libro tuvo la mayor importancia en la formación poética, no sólo del peruano sino también en la de Pablo Neruda y en quienes, vanguardistas o no, comenzaban entonces a escribir versos, ya que les permitió acercarse a una de las influencias que iban a ser definidoras de aquellos primeros poemas: la de la poesía simbolista francesa, replegada sobre sí misma en contemplación de la vida interior del espíritu, amiga de la sugerencia, la vaguedad, la insinuante melodía verbal, el misterio y el ensueño.

Se interesaría igualmente el joven Vallejo en *Los peregrinos de piedra,* único volumen de sus versos y a la

vez antología de los mismos que en vida alcanzó a ordenar Julio Herrera y Reissig (1875-1910). Se publicó póstumamente en el año de su muerte. Sin embargo, con anterioridad los poemas de Herrera y Reissig habían circulado ampliamente en países hispanoamericanos, reproducidos con entusiasmo en periódicos de la época. Gracias a tal difusión ejerció vasta influencia quien con el tiempo iba a ser reconocido como precursor de nuestras vanguardias poéticas y de nuestra poesía moderna. Dicho influjo llegó a poetas tan diferentes entre sí como César Vallejo, el mexicano Ramón López Velarde (1888-1921) y el colombiano Luis Carlos López (1879-1950). El vocabulario de Herrera y Reissig es no sólo rico sino exuberante. Pero su nota más saliente es la multiplicidad de las imágenes. La predilección suya por la metáfora señaló en parte el tránsito del Modernismo a la vanguardia. Sus creaciones poéticas se dividieron en dos grupos: uno, de tono pastoral o criollista, como el de la serie *Los éxtasis de la montaña,* entre 1900 y 1904; y otro, barroco y de renovación sintáctica, de *Los maitines de la noche,* de 1902, y *Los parques abandonados,* de 1908. En composiciones de primera juventud de Vallejo, que el poeta no quiso reunir, y en otras que sí figuran en su primer libro, llega a apreciarse, en lenguaje e imágenes, el ejemplo del poeta uruguayo. En su segunda colección poética ya nada quedó de tal ascendiente.

LOS HERALDOS NEGROS

LOS HERALDOS NEGROS SE LLAMÓ AQUEL PRIMER LIBRO EN verso de César Vallejo. Aun cuando en la carátula se

indicó como año de edición el de 1918, en realidad
no vino a circular sino en 1919. La más visible carac-
terística suya es la coexistencia en él de dos acentos
poéticos: el modernista y el que asoma como voz pro-
pia y personal del poeta. En efecto, unos cuantos de
los poemas, los más antiguos, están llenos de imáge-
nes y de vocablos que, reiterando la retórica del Mo-
dernismo, pueden considerarse como simplemente
convencionales. Pero en los siguientes, aquellos que
más suscitan nuestro interés, descartados los reflejos
simbolistas irrumpe patente, espontánea, directa, la
emoción del poeta. Vallejo había admirado la poesía
simbolista francesa, en traducciones; esa misma poe-
sía la sintió más cercana, sin embargo, en el verso de
Rubén Darío. Pero del Modernismo de éste, y del
peculiar de Julio Herrera y Reissig, le alejan sus lu-
jos formales: la brillantez de ritmos, imágenes, adje-
tivación y sonoridades. Prefiere la intensidad de la
expresión al oropel hasta entonces dominante. El ver-
bo se le va volviendo más austero en busca de diri-
girlo a manifestar la intimidad de su pensamiento,
exaltaciones e inquietudes.

Evidentemente, en *Los heraldos negros* se combinan
cierta ampulosidad, referencias culturales y altisonan-
cias del preciosismo verbal e imaginativo, propios de
Darío y de Herrera y Reissig, con una honda y des-
nuda sencillez que va a hacer posible la irrupción, un
tanto volcánica, de la ardorosa subjetividad de Valle-
jo. Por eso, en opinión de glosadores de la obra, *Los
heraldos negros* es muestra singular de lo que algunos
entienden por Postmodernismo, en el sentido de reac-
ción y de superación que va contra maneras de un Mo-
dernismo marcadamente ostentoso. En varios poemas

del libro, Vallejo está próximo a la ruptura que representa su segunda publicación poética: *Trilce*.

Los epítetos que utiliza Vallejo en este libro primero, a medida que va encontrando su expresión propia, los elige por su capacidad de simbolización y de abstracción más que por su poder de suscitar sensaciones como las de la lírica impresionista representada, por ejemplo, en la época de Juan Ramón Jiménez (1881-1958) que contó con más discípulos en España e Hispanoamérica. Uno de los mejores comentaristas del peruano, el crítico Américo Ferrari, señala que este proceso de depuración de los adjetivos se extiende asimismo a las imágenes:

> En los primeros poemas hay una pululación de imágenes de gusto modernista. También en este terreno podemos asistir a la evolución de la imagen plástica e impresionista, que pinta con colores vivos elementos naturales, hacia la imagen-símbolo, en la cual un elemento sensible refiere a una realidad espiritual o inteligible mucho más vasta. … Así se ensancha el campo de significación de la imagen, pero por eso mismo ésta se hace cada vez más abstracta, más general.

Una muestra de ello la encontramos en la composición *El poeta a su amada,* cuyos dos primeros cuartetos son:

> Amada, en esta noche tú te has crucificado
> sobre los dos maderos curvados de mi beso;
> y tu pena me ha dicho que Jesús ha llorado,
> Y que hay un viernesanto más dulce que ese beso.

En esta noche rara que tanto me has mirado
la Muerte ha estado alegre y ha cantado en su hueso.
en esta noche de setiembre se ha oficiado
mi segunda caída y el más humano beso.

Como recuerda el ensayista colombiano Rafael Gutié-
rrez Girardot, son pocos los poemas de *Los heraldos
negros* en los que no se presenta, como en el anterior,
el lenguaje bíblico mezclado con recuerdos de su in-
fancia y de su provincia de Santiago de Chuco. Y a ese
lenguaje corresponde también el cruce de imágenes
tomadas de la Historia Sagrada y de la pasión de Jesu-
cristo. Pero Vallejo no es propiamente un poeta reli-
gioso ni le preocupan asuntos teológicos. Le mueve
más, según Gutiérrez Girardot, aquello que, con pa-
labras de Hegel, se conoce como *la muerte de Dios*. Ex-
presión que no alude a un postulado de ateísmo, pues
no era éste entonces el caso de Vallejo, sino a la pér-
dida del sentimiento religioso, a la desmitificación de
los fenómenos como consecuencia del adelanto de las
ciencias, a la no representación de Dios con los atribu-
tos del Todopoderoso. Se refiere, en fin, a la raciona-
lidad y a la secularización de la vida, la sociedad y el
pensamiento modernos. Más que de muerte, debería-
mos hablar de la ausencia de Dios dentro del materia-
lismo propio de la condición burguesa. Sobre los
poetas simbolistas dice Vallejo en *Retablo:*

Como ánimas que buscan entierros de oro absurdo,
aquellos arciprestes vagos del corazón
se internan, y aparecen... Y, hablándonos de lejos,
nos lloran el suicidio monótono de Dios.

De ahí también que la crítica hable, aun cuando no relacionándola con el fenómeno anterior, de la profunda sensación de orfandad que existe en esta poesía. De su visión del hombre en la que impera un fatal sentimiento de soledad, de obscuridad, de desamparo del ser frente al Universo. De la impotencia humana ante las fuerzas del mal, la pobreza, la enfermedad, el abandono, la muerte, el egoísmo. De la carencia de amor, ternura, comprensión y solidaridad entre los hombres. Muchos versos de Vallejo son testimonio de este drama. Como los del poema liminar del libro:

Hay golpes en la vida, tan fuertes... Yo no sé!
Golpes como del odio de Dios; como si ante ellos
la resaca de todo lo sufrido
se empozara en el alma... Yo no sé!
. . . .
Y el hombre... Pobre... pobre! Vuelve los ojos, como
cuando por sobre el hombro nos llama una palmada;
vuelve los ojos locos, y todo lo vivido
se empoza, como charco de culpa, en la mirada.

TRILCE

EN EL SEGUNDO VOLUMEN EN VERSO DE CÉSAR VAllejo, *Trilce*, aparecido en 1922, se encuentran también dos voces o dicciones poéticas. Una, afín a la de las poesías más personales del libro anterior y que corresponde a las composiciones que pueden llamarse *claras*: obedecen a ciertas normas tradicionales, dejan ver la anécdota en que semejan apoyarse y los versos ofrecen cierta regularidad. Sus temas se relacionan cons-

tantemente con la infancia y la nostalgia hogareña. El otro tono es el de los poemas que, en oposición a los anteriores y por las dificultades que encierran, llamaremos *herméticos* u *obscuros*. En estos el poeta se ha propuesto adaptar el lenguaje a la intuición poética. O mejor, al fluir de las intuiciones poéticas.

Para el crítico italiano Roberto Paoli, estudioso de la poesía peruana y especialmente de la de Vallejo, los poemas obscuros de *Trilce* se relacionan con "una preocupación intelectual, de vanguardia y experimental". Es decir, los conecta con el espíritu de aventura y de revolución poética que caracterizó a las vanguardias (entre ellas, el Ultraísmo) de los años veintes. Ferrari piensa, por el contrario, que la inspiración de esos poemas herméticos, cuyas complejidades han dado ocasión a muchas y distintas interpretaciones, no es de naturaleza intelectual sino afectiva. Aseverando, de consiguiente, que "*Trilce* representa una experiencia vital profunda y se opone, por ello mismo, a toda preocupación experimental". Se apoya, para sustentar esta opinión, en que en diversos escritos "Vallejo denunció la poesía de laboratorio, el intelectualismo de ciertos poetas como Valéry, y en general todo intento experimental en materia de literatura". Podríamos añadir que el poeta peruano ironizó varias veces sobre la pretendida originalidad de los vanguardistas, como cuando en 1926 escribió: "Hacedores de imágenes, devolved las palabras a los hombres. ... Hacedores de colmos, se ve de lejos que nunca habéis muerto en vuestra vida".

Nos parece, sin embargo, que el propósito de ofrecer una experiencia vital en poesía no se opuso a la preocupación intelectual y experimental que

efectivamente muestran los poemas obscuros de
Trilce. Es indiscutible que Vallejo utilizó en éstos
algunos procedimientos propios de las vanguardias.
Como el de emplear a veces, por ejemplo, una orto-
grafía singular y, en la presentación de los versos, una
tipografía caprichosa. O el de eludir todo nexo con la
anterior retórica modernista. O el rechazo de la re-
gularidad y del orden consabidos: "Rehusad, y voso-
tros, a posar las plantas / en la seguridad dupla de la
Armonía. / Rehusad la simetría a buen seguro", lee-
mos en el poema XXXVI. En *Trilce* el libre brotar de
las emociones corre turbador entre saltos, en dina-
mismo vertiginoso, sin someterse a relaciones objeti-
vas. Concreto y desesperado, es meta de su lucha con
las palabras. Conjeturamos entonces que esta lucha
correspondió tanto a la necesidad de expresar la ex-
periencia vital del poeta como a la preocupación in-
telectual y experimental para darla a conocer en su
forma de mayor fidelidad posible. Y no podría desco-
nocerse que *Trilce* participa de la gran aventura verbal
que en buena parte fue el vanguardismo. Como la de
las creaciones poéticas que le fueron contemporáneas
en Hispanoamérica: *Altazor* (1919-1931) de Vicente
Huidobro, *Tentativa del hombre infinito* (1925) de Pa-
blo Neruda, *Calcomanías* (1925) de Oliverio Girondo
y *Tergiversaciones* (1915-1925) de León de Greiff. Y
deberemos tener presente, asimismo, que toda explo-
ración a la vida, en poesía, se traduce en exploración
al lenguaje.

Ya en algunas composiciones de *Los heraldos negros*
asoma lo que va a ser *Trilce:* ademán de lograr una ex-
presividad inmediata, natural, estricta. Intención de
manifestar incorruptible el pensamiento. El poeta

envidiaba *el lenguaje directo del león*. Deberían quedar atrás los adornos heredados de los modernistas, su ritual esteticismo. Sería libre de asociar las intuiciones, a veces desmesurada y tumultuosamente. Como respondiendo al llamado del mundo exterior que se le presentaba, regido por el absurdo y sus monstruosas evidencias, igualmente arbitrario, inarmónico y caótico. Las literaturas europeas de la primera postguerra reflejaban definitivamente la crisis de la razón y de la racionalidad. Se intentaría además abolir el pasado y sus valores tradicionales. Vallejo comprendió esta revuelta como ruptura del lenguaje en busca de la representación espontánea de las vivencias del hombre. Así apareciesen ellas, como la existencia misma, en vasto desorden:

Escapo de una finta, pelusa a pelusa.
Un proyectil que no sé dónde irá a caer.
Incertidumbre. Tramonto. Cervical coyuntura.

Chasquido de moscón que muere
a mitad de su vuelo y cae a tierra.
¿Qué dice ahora Newton?
Pero, naturalmente, vosotros sois hijos.

Incertidumbre. Talones que no giran.
Carilla en nudo, fabrida
cinco espinas por un lado
y cinco por el otro: Chit! Ya sale.

Esta representación espontánea de las propias vivencias se entrega en los poemas obscuros de *Trilce* a manera de versión taquigráfica de procesos mentales y

afectivos. Vallejo asumió la inmediatez, abolió la distancia entre las cosas pensadas o sentidas y su representación en la escritura poética. Anota Ferrari que *Trilce* se propuso "construir una poesía abierta que, en lugar de dar cuenta a posteriori de lo pensado, quiere interceptar el pensamiento en sus fuentes vivas, seguirlo en sus arranques, sus interrupciones, sus aceleraciones, sus demoras y sus retrocesos, revelarlo pensante y, por consiguiente, siempre imperfecto, siempre infinito". En síntesis —añade— "se trata de lograr que el poema dé cuenta inmediatamente del flujo confuso de la vida afectiva, de las violentas contradicciones del pensamiento, como si la palabra escrita emanara directamente de la tensión de la vida".

¿Qué significa la voz *Trilce,* que desde un comienzo ha sido uno más entre los muchos enigmas del libro? Se ha supuesto que es fusión de dos adjetivos: dulce y triste. Varias explicaciones más intrincadas han insinuado. Pero Vallejo manifestó haber escogido la palabra (otra entre sus numerosos neologismos) simplemente por su sonoridad, por su vibración musical. Alguna referencia esotérica, sin embargo, ha querido descubrirse en ese título.

POEMAS HUMANOS Y *ESPAÑA, APARTA DE MÍ ESTE CÁLIZ*

LE HUBIERA SIDO IMPOSIBLE AL POETA AVANZAR MÁS allá de *Trilce* en persecución de un habla inaudita. Más allá no restaba sino el silencio. Y la poesía de Vallejo enmudeció por varios años. No tantos, pues consta que en 1935 intentó, sin éxito, publicar un volumen

LA POESÍA DE CÉSAR VALLEJO

con nuevas composiciones. Unos meses antes de morir, entre septiembre y diciembre de 1937, se empeñó a diario en volver a escribir poemas y en revisar los que le habían surgido desde 1923 a su llegada a Europa. Sólo se recogerían todos en libro, póstumamente, en 1939. El conjunto lo forman 104 piezas poéticas, distribuidas así: 13, las más antiguas pues datan de 1923 a 1929, que los editores llamaron *Poemas en prosa,* título no escogido por él; 76 que integran *Poemas humanos,* nombre (que es el mismo del volumen completo, con sus tres secciones) igualmente dado por los editores, pues él había pensado, junto con ese, en los de *Nómina de huesos* o *Arsenal de trabajo,* y 15 que componen la serie *España, aparta de mí este cáliz.* La dicción que prima, sobre todo en los particularmente designados *Poemas humanos,* es el soliloquio en voz baja, la conversación íntima, lenta y sobria, a solas, consigo mismo. En buena parte, los textos parecen escritos para sí: "Ahora mismo hablaba de mí conmigo". Y se reiteran porfiadas pesadillas sobre la vida de todos los días y la muerte que la ronda. Sin desconocer el hermetismo y la obscuridad de muchos pasajes, la inflexión, casi siempre anhelante y atormentada, aparece no sólo confidencial sino, por instantes, familiar. Otras veces semeja crecientes letanías. El ritmo avanza persiguiéndose en oleaje poderoso. En *Poemas humanos* y en *España, aparta de mí este cáliz* se dieron algunas de las revelaciones poéticas más punzantes y misteriosas de nuestro siglo.

En *Poemas humanos,* a diferencia de lo que ocurre con *Trilce,* se advierte la preocupación de su autor por organizar el desarrollo del poema, evitando sus anteriores dislocaciones, y acompañarlo de un ritmo ascendente. A éste contribuye en muchas ocasiones,

23

predilecta, la unión de endecasílabos y heptasílabos. Algún número de sus composiciones sigue presentando, se diría que inevitablemente, dificultades de interpretación. A pesar de sus hermetismos, debió pensar el poeta en la obligación suya, a costa de algún sacrificio, de comunicarse con sus semejantes. De hablar a solas, pero a la vez con todos. El poema casi siempre tiene como centro una obsesión. La cual está frecuentemente encarnada en una palabra, o grupo de palabras, que se reiteran continuamente. Abundan las frases y vocablos ajenos a lo literario: "Vallejo es consciente —anota Ferrari— de escribir un lenguaje poético en el que el tono prosaico entra como elemento indispensable para dar a la poesía la aptitud para expresar, con la mayor fuerza posible, la angustia de lo cotidiano":

ya que, en suma, la vida es
implacablemente,
imparcialmente horrible, estoy seguro.

En uno de los *Poemas humanos*, que lleva por nombre *Intensidad y altura,* como en anteriores ocasiones hizo Vallejo de la poesía, de la propia poesía suya, un tema de su poesía:

Quiero escribir, pero me sale espuma,
quiero decir muchísimo y me atollo;
no hay cifra hablada que no sea suma,
no hay pirámide escrita, sin cogollo.

Quiero escribir, pero me siento puma;
quiero laurearme, pero me encebollo.

No hay toz hablada que no llegue a bruma,
no hay dios ni hijo de dios, sin desarrollo.

Vámonos, pues, por eso, a comer yerba,
carne de llanto, fruta de gemido,
nuestra alma melancólica en conserva.

¡Vámonos! ¡Vámonos! Estoy herido;
vámonos a beber lo ya bebido,
vámonos, cuervo, a fecundar tu cuerva.

Américo Ferrari explica que en este poema vuelve a darse el conflicto entre el ser espiritual y el ser animal del hombre, que reaparece continuamente en Vallejo. Pero, asimismo, en él la cuestión capital es otra:

es la distancia o el hiato entre el universo ilimitado de la expresión posible y el universo limitado de la expresión escrita; es decir, el conflicto se produce entre la intuición directa, íntima, que el poeta tiene de la realidad, y las palabras en las que esta intuición debe tener cuerpo.

Señala igualmente Ferrari que la poesía de Vallejo es obscura "porque busca la traducción de una emoción elemental, presente en lo más hondo del alma, allí donde no hay más que tinieblas". El poema ideal, de acuerdo con aquello que el mismo ensayista deduce de *Intensidad y altura*, debería escribirse en una única palabra que representara todas las palabras: el solo rugido del león, de que ya hablamos. Porque el problema reside en la insuficiencia del habla: mientras la intuición —esencia de la obra de arte— es una e indivisible,

el lenguaje en cambio es múltiple, por ser suma de palabras. Lo cual fragmenta y desvirtúa la unidad con que se concibe la intuición. Observa Ferrari que "la palabra preocupaba y fascinaba a Vallejo tanto como el problema del ser y de la existencia. ... Para el Vallejo de la última época, el ser y el lenguaje se confunden ya para siempre en la misma inquietud".

La permanente obsesión de Vallejo por la orfandad y el abandono que padece el hombre, antes mencionada, coincide con la cosmovisión que sobre ello mantuvieron románticos alemanes e ingleses. En cuyo centro hallamos el sentimiento de desamparo que sufre el ser humano, sometido a un destino doloroso que debe asumir sin comprender. Así, se ha señalado que temas apasionantes del alma romántica se prolongaron, no sólo en el peruano, sino en varios poetas del siglo xx. El destino del hombre sería objeto central de la meditación poética de Vallejo. Desde *Los heraldos negros,* causa de su desasosiego fue también la de hallar la razón de ser del mal y del dolor. Fuerzas que, multiplicadas en todo sitio a cada instante, han tiranizado inmisericordemente al hombre. Las penas las habrá de sospechar como algo consubstancial a la existencia, como parte inseparable de los seres. Y se las representa a manera de círculo vicioso y sin salida. Pero en *Poemas humanos* surge el modo de comprender la vida ya también como experiencia social. La vida: acción, felicidad o desengaño compartidos con otros hombres. En este libro el mundo se compone, más que de cosas, de relaciones humanas. Y, de acuerdo con su militancia política (pues se hizo miembro del partido comunista en España, en 1931) pensó que "el sufrimiento y la marginalidad de los hombres es fruto y

condición de un sistema; no se trata de un caso personal, ni de una condena metafísica, sino de una problemática social".

Reflexionando sobre estos temas, Vallejo va a concebir a la solidaridad con los afligidos, en *Poemas humanos* y en *España, aparta de mí este cáliz*, como única forma de superar la congoja individual. Desde la adolescencia le había acompañado esa compasión instintiva por el padecimiento de sus semejantes. El poeta joven de *Los heraldos negros* vislumbró confusamente en el futuro, entre la efectividad de sus metáforas, vaga esperanza de redención universal:

Y cuándo nos veremos con los demás, al borde
de una mañana eterna, desayunados todos.
Hasta cuándo este valle de lágrimas, a donde
yo nunca dije que me trajeran.

En *Poemas humanos* es más grande esta devoción por todos los seres, esta ardorosa compañía a las infinitas maneras de sus tormentos. El amor a los que padecen hace que el amor a la mujer, con el espíritu y el instinto, con el alma y el cuerpo, se aminore un tanto. O que, por lo menos, deje de ser motivo frecuente del verso. A través de tal identificación encuentra Vallejo la fórmula como se podrá un día superar el desamparo y vencer la injusticia: el sufrimiento sólo desaparecerá cuando todos los hombres hagan causa común contra él. Y el lazo que logrará esa unión será *cita universal de amor* soñada desde la adolescencia. Esta cita universal es para la humanidad entera, sin distingos entre buenos o malos, opresores u oprimidos, ricos o pobres:

¡Amadas sean las orejas sánchez
amadas las personas que se sientan,
amado el desconocido y su señora,
el prójimo con mangas, cuello y ojos!

¡Amado sea aquel que tiene chinches,
el que lleva zapato roto bajo la lluvia,
el que vela el cadáver de un pan con dos cerillas,
el que se coge un dedo en una puerta,
el que no tiene cumpleaños,
el que perdió su sombra en un incendio,
el animal, el que parece un loro,
el que parece un hombre, el pobre rico,
el puro miserable, el pobre pobre!

Existió en César Vallejo la dualidad entre el ciudadano del mundo y el ensimismado en su propia alma. Entre el visionario que presentía la posibilidad de un paraíso en la tierra y la de quien cotidianamente comprobaba la inextinguible presencia del absurdo, el sufrimiento y el mal. Entre el prosista disciplinado en la función política y el poeta que no admitió freno a su imaginación. Varias de sus convicciones, especialmente aquellas que sugieren la felicidad futura del hombre en el país que admiraba como ejemplo universal del bien y la justicia, nos parecen hoy no sólo equivocadas sino candorosas. No importa. Vallejo mismo descreyó también de todas las ideologías, así fuesen filosóficas, religiosas o sociales. Así fuese también la suya propia. Nos lo dijo en *Despedida recordando un adiós*:

¡Adiós, hermanos san pedros,
heráclitos, erasmos, espinozas!

¡Adiós, tristes obispos bolcheviques!
¡Adiós, gobernadores en desorden!
¡Adiós, vino que está en el agua como vino!
¡Adiós, alcohol que está en la lluvia!

A finales de 1937, meses antes de morir, el poeta escribió y puso en orden 15 composiciones, que se admiran entre las mejores del gran conjunto de su obra. Su tema fue la guerra civil española. Unas pocas de ellas se elaboraron antes del conflicto, pero Vallejo las acomodó a tal acontecimiento. El título corresponde al del último de esos poemas: *España, aparta de mí este cáliz*. La dramática vida europea de aquellos años determinó a la mayoría de los escritores a comprometerse políticamente con la derecha o la izquierda. Vallejo optó, desde 1928, por esta última. Había pasado ya la época en que se proclamaban la deshumanización del arte y la autonomía y pureza del ejercicio artístico. Los poetas y los artistas tomaron entonces conciencia de que debían sumarse a la humanidad y participar en las luchas sociales. Vallejo se colocó entre quienes defendieron la legitimidad de la República Española, contra la cual se levantaron fuerzas militares apoyadas por las derechas. Estas llegaron al poder en 1939, al cabo de tres años de cruel lucha. En *España, aparta de mí este cáliz* son permanentes la presencia y el lenguaje de la Biblia. El miliciano que, como él, estuvo al lado de la República, es en esos poemas la viva reencarnación de Cristo en un nuevo tipo de hombre que acepta el sacrificio para poner fin a la desdicha universal. Según Jean Franco, la pasión que registra este ciclo "es la de un pueblo entero: combina el espíritu mesiánico del Antiguo Testamento con la promesa de resurrección

del Nuevo Testamento". Como la misma ensayista hace notar, figuran en los 15 poemas un himno, un responso, una plegaria, una letanía y una profecía. Debe resaltarse que, a pesar de su posición partidaria, la voz del poeta no se tiñó allí de odio sino, por el contrario, de amor y de esperanza en la futura felicidad humana. Escribió el crítico Guillermo Sucre:

> La guerra suscita en Vallejo un estado de iluminación. ... Es el fervor y la inocencia lo que da verdadera intensidad a este libro. Y un lenguaje no sólo de resonancia bíblica sino también, y sobre todo, de profunda estirpe castellana.

A partir de cierto momento César Vallejo había detestado de la escritura a puerta cerrada, del literato de gabinete que no quiere saber de la vida, resguardado entre cristales de la impureza cotidiana. El reino del escritor es el reino de este mundo, afirmó con frecuencia. El compromiso del poeta no lo entendía con ninguna facción partidista, habiéndose comprometido él con una de las más activas y radicales de la historia contemporánea, sino en la obligación de expresar la experiencia humana en todos sus anhelos y frustraciones. Y de expresarla con fidelidad, sin falacias ni evasiones. De seguro pensó que podría el poeta, así, contribuir con firmeza y lealtad a corregir los aspectos aberrantes de la existencia, hasta lograr el cambio del hombre y de la sociedad que ansiaba su pensamiento militante. La estética le era forzosamente una ética.

En 1932 escribió a su amigo el poeta español Juan Larrea algo que no ha dejado de citarse como confirmación de que, a pesar de su militancia, eminentemen-

te pública, insistió en entender a la poesía, a su íntima tarea poética, como territorio exclusivamente suyo. Se lo confía así:

> En cuanto a lo político, he ido a ello por el propio peso de las cosas y no ha estado en mis manos evitarlo. Se vive y la vida se le entra a uno con formas que, casi siempre, nos toman por sorpresa. Sin embargo, pienso que la política no ha matado totalmente el que era yo antes. He cambiado, seguramente, pero soy quizás el mismo. Comparto mi vida entre la inquietud política y social y mi inquietud introspectiva y personal y mía para adentro.

Varios críticos se han detenido en conjeturar oscilaciones o discordias en que pudo incurrir, como prosista, el pensamiento de César Vallejo. Se presentan en materias relacionadas principalmente con el arte, la política y las obligaciones del escritor frente a la vida pública y a su propia creación artística. Pero, como lo ha observado José Miguel Oviedo, ellas se armonizaron para enriquecer y singularizar la extrañeza de su poesía. Ésta, con la obsesión desvelada en las dudas y los interrogantes, da testimonio de la absoluta unidad de su persona poética. Una intensa experiencia intelectual se alió, esperanzada, al dolor de su experiencia humana. Desde sus días peruanos hasta los más amargos del exilio europeo supo, con belleza y verdad juntas, practicar su antigua persuasión de escribir no más de aquello que pudiese tocar al corazón del hombre. Pugnaces ideas le fueron alternativa y sinceramente objeto de adhesión o de rechazo. Pero el debate interior que ellas suscitaron afloró a sus poemas despojado de

cualquier ropaje, hasta existir sólo como emoción desnuda. Alguien pareciera ahora recordarnos que, con tantas contradicciones como días y noches transcurridos, nuestra vida es una y, a la vez, la de muchos seres que, acompañándonos invisibles siempre al lado, apenas les vislumbramos pasar como fantasmas.

La poesía es la voz de esos fantasmas.

LA ESTELA DEL SALMÓN

*Edgar O'Hara**

LAS SIGUIENTES PÁGINAS PRETENDEN, MODESTAMEN-
te, servir de guía a la lectura de los poemas de César
Vallejo, en esta antología preparada por José Manuel
Arango para conmemorar el centenario del nacimiento
del escritor[1]. Asimismo querrían convertirse en un
acompañamiento para otras aventuras que los lecto-
res emprendan de la obra general del autor de *Los
heraldos negros.* Es común hablar de Vallejo sólo como
poeta, olvidándonos del cronista, dramaturgo, narrador
y ensayista. Pero por motivos que se comprenderán a
simple ojo, nos hemos de referir únicamente, hecha
la salvedad, a su labor poética, la más conocida y la que
mejor articula el proyecto literario y vital de este crea-
dor.

Así como el salmón remonta sus propias aguas
para desovar y baja después "flaco y sin fuerzas al mar"
(dice así un diccionario del *salmón zancado*), de igual
modo la entrada en esta obra impone obligadas

---

* El autor es profesor en la Universidad de Washington en
Seattle.
1. A sugerencia personal, pedí que se incluyera "Alfonso: es-
tás mirándome, lo veo" en la sección de *Poemas humanos,* uno de
los ejemplos máximos del tono confesional.

pascanas en la vida del poeta para posteriormente dejar que nuestra desorientación se encargue del resto: intentar no la explicación, sino el continuo asombro.

César Vallejo es, sin lugar a dudas, uno de los más grandes poetas de este siglo en lengua española (para algunos, de los más grandes de la Poesía y punto). La hipérbole puede crecer, y más si nos dejamos llevar, como en el caso de Juan Larrea, por efluvios esotérico-demagógicos, hasta el punto de "descifrarlo de alfa a omega" o enmendarle la plana ("corrigiendo" la cronología de su primer libro) o considerándolo "un fenómeno probablemente único" (Coyné, 1980: 142, 148 y 153). Y es que la vida y la obra de Vallejo se prestan, como uña y carne, a tales disquisiciones.

Intentemos, pues, un moderado recorrido.

I. LAS HUELLAS

CÉSAR ABRAHAM VALLEJO NACIÓ, SEGÚN LAS PESQUIsas más fidedignas, el 16 de marzo, día de San Abraham (por la copia de fe de bautismo se pensaba que había nacido el 19), de 1892 en Santiago de Chuco, provincia serrana del departamento de La Libertad, en el norte del Perú. Fue el menor de una familia de once hijos, cuatro mujeres y siete hombres. Dos datos importantes al respecto: en ese pueblo mestizo sólo se hablaba español y por su origen Vallejo fue un cholo, nunca un indio. Además, en las dos ramas familiares tuvo abuelos gallegos que eran sacerdotes (recordemos que el nombre del pueblo viene del apóstol venerado en Compostela). No sé si alguien ha ventilado aún aquella mancha, digamos, para ponerlo en términos

del imaginario biológico-poético del personaje. Sabemos, sí, que de niño "anhelaba entonces ser obispo, llevar mitra y báculo, tal vez llegar a papa o a santo" (Coyné, 1968: 12). César Vallejo morirá el 15 de abril de 1938, Viernes Santo, en París. Pero no especulemos al respecto.

En 1915 entabla relaciones amistosas y literarias con los miembros del grupo El Norte, en Trujillo: Antenor Orrego, José Eulogio Garrido, Alcides Spelucín, Haya de la Torre, entre otros. En septiembre obtiene el grado de bachiller en Filosofía y Letras en la Universidad de La Libertad con su tesis *El romanticismo en la poesía castellana*. (Sobre estos puntos, son más que útiles el prólogo de A. Orrego a *Trilce* y el ensayo de A. Spelucín: "Contribución al conocimiento de C. V. y de las primeras etapas de su evolución poética".)

Se embarca a Lima en 1917. Publica *Los heraldos negros* (pie de imprenta, 1918; distribución, 1919). Vuelve a Trujillo en 1920 y el primero de agosto asiste a las fiestas patronales en Santiago de Chuco. En circunstancias no del todo esclarecidas (Coyné, 1968: 110-118) Vallejo es acusado de ser el instigador de unos incidentes en su pueblo natal. Perseguido por la policía, se refugia en la "casita de campo" de Antenor Orrego (Varios, 1974: 207-208). Pero será apresado finalmente y pasará 112 días en la Cárcel Central de Trujillo. Saldrá con libertad condicional gracias a las gestiones de amigos e intelectuales. En la reclusión ha escrito algunos de los poemas que compondrán *Trilce*, editado en 1922.

El 17 de junio de 1923 se embarca rumbo a Europa y se establece en París. (Para estos años de la bohe-

mia trujillana y los de Lima, el libro de Juan Espejo
Asturrizaga es fundamental.)

Edita en 1926 con Juan Larrea, en Madrid, los dos
números de la revista *Favorables París Poema*. Al año
siguiente conocerá en París a Georgette Philippart, la
que será su compañera y luego su esposa. Viaja por
primera vez a la Unión Soviética en 1928; el segundo
viaje será en septiembre de 1929.

Reedición de *Trilce* en Madrid en 1930, con prólo-
go de José Bergamín y un poema, *Valle Vallejo,* de Ge-
rardo Diego. El 14 de abril se proclama la Segunda
República española. Vallejo viaja por tercera y última
vez a la URSS e ingresa como militante en el Partido
Comunista español.

Se casa con Georgette el 11 de octubre de 1934.
Al año siguiente queda limpio de los cargos que pesa-
ban sobre él por los sucesos de Santiago de Chuco,
quince años atrás.

Estalla la guerra civil española en 1936. Desde París
participa en la formación de los Comités de Defensa
de la República. En julio de 1937 representa a Perú
en el Segundo Congreso Internacional de Escritores
Antifascistas en Barcelona, Valencia y Madrid. Escribe
los poemas de *España, aparta de mí este cáliz* y los últi-
mos de *Poemas humanos.*

El 24 de marzo de 1938 ingresa a la clínica del Bou-
levard Arago, en París, víctima de una "fiebre miste-
riosa" (Coyné, 1968: 311) y un profundo agotamiento.
Ya no se levantará de su lecho de enfermo y de muerte.

Al año siguiente ven y no ven la luz dos libros: *Poe-
mas humanos* (1923-1938), editado en París por Geor-
gette y Raúl Porras Barrenechea y que incluye *España,
aparta de mí este cáliz,* ordenado de manera diferente a

la versión impresa en enero de 1939 (recién "descu-
bierta" a fines de los años 70) por los soldados del Ejér-
cito del Este en la abadía de Montserrat (Barcelona),
al cuidado de Manuel Altolaguirre, con prólogo de
Larrea y dibujo de Picasso. El mismo Larrea creería
después que esta edición había sido destruida por las
tropas franquistas y que además el libro no había lle-
gado a ser encuadernado. Esto daría pie a otra de las
leyendas (Lastra, 1978: 15-17). La reproducción fac-
similar de esta edición apareció mucho después, en el
tomo I de *España en César Vallejo* (1984), de J. Vélez y
A. Merino.

II. LOS MISTERIOS

EN VALLEJO ES PRÁCTICAMENTE IMPOSIBLE SEPARAR
la persona de la obra. No hace falta citar al autor para
comprobarlo, aunque uno de los ensayos ("La obra de
arte y el medio social") de *El arte y la revolución* es más
que explícito y en otro, hablando sobre Maiakovski,
ya pisa el palito: "De ahí que no hay exégeta mejor de
la obra de un poeta que el poeta mismo. Lo que él
piensa y dice de su obra, es o debe ser más certero que
cualquiera opinión extraña" (1973: 105). Pero los
poemas siempre soltarán lo suyo al margen de la vida
del escritor, o contra la idea que se tiene de ella, o a
veces en apoyo de algunas imágenes de sí misma. En
resumen: conocer las peripecias biográficas no hace
daño, y menos en el caso de un poeta con una extre-
ma conciencia de las palabras y de lo que éstas pueden
ser capaces. Sin embargo, en Vallejo se dan algunas
coincidencias de difícil o imposible explicación; y los

poemas, por consiguiente, han recibido esa aureola,
adicional, de misterios. Yo propondría cuatro.

¿Por qué volvió de nuevo a Santiago de Chuco en
1920, cuando apenas acababa de entrar en Trujillo?
André Coyné se responde la misma pregunta:

> No bien se encuentra en la capital de La Libertad,
> Vallejo comienza a dar señales de nerviosismo hasta
> que, sin explicarse con nadie, decide regresar a San-
> tiago, a celebrar las fiestas patronales con su familia.
> Vano sería querer hurgar en lo que pasó en su incons-
> ciente; lo más probable es que ni él mismo hubiera
> podido definirlo; pero a posteriori resulta claro que,
> sin saberlo, buscaba la desgracia que necesitaba para
> alcanzar su huérfana "mayoría de hombre" y de artis-
> ta. (1968: 112)

¿Qué significa "Trilce"? Coyné (citando a Espejo)
apuesta por la explicación del precio del ejemplar, que
costaría tres libras peruanas (de illo tempore): "tres,
tres, tres... tress, triss, trisess, Tril, trillss.." (1968:
127). Pero, según Espejo, lo que iba a costar tres li-
bras era rehacer las carillas que llevaban el nombre
César Perú, impresas ya de acuerdo a la voluntad del
autor (así como existía Anatole France, ¿por qué no
César Perú?). Felizmente sus amigos Crisólogo Que-
sada y Francisco Xandóval lo convencieron. Cuando
el volumen apareció y alguien le preguntara por qué
ese título, Vallejo habría respondido: "Pues, porque
vale tresssss soles" (Espejo: 109). Gerardo Diego "su-
pone que *Trilce* fue compuesta empleando las palabras
'triste' y 'dulce'..." (ValenciaArenas: 72-73). Según

esta última fuente, Vallejo habría jugado con cetrino y cetril. Al gusto, entonces, del consumidor.

¿De qué murió el poeta? ¿Complicaciones intestinales? No lo sabemos, en verdad. ¿Y es cierto que predijo su muerte en el soneto que empieza "Me moriré en París con aguacero, / un día del cual tengo ya el recuerdo..."? Según los principales testigos "era una mañana de lluvia" (Vallejo, 1988: 443, nota 14) la del 15 de abril y en París. Como anota Ferrari, el poema cuenta con un antecedente de 1920, cuando el poeta estaba refugiado en la casa campestre de Orrego. La relata Juan Espejo:

> Durante su permanencia aquí César tuvo una noche una visión que lo llenaría de terror y lo angustiaría por muchos días, siendo el tema de sus conversaciones.
> Estaba despierto, decía, cuando de pronto me encontré tendido, inmóvil, con las manos juntas, muerto. Gentes extrañas a quienes yo no había visto nunca rodeaban mi lecho. Destacaban entre éstas una mujer desconocida, cubierta con ropas oscuras y, más allá, en la penumbra difusa, mi madre como saliendo del marco de un vacío de sombra, se me acercaba y sonriente me tendía sus manos... Estaba en París y la escena transcurría tranquila, serena, sin llantos.
> La tremenda impresión que le produjo esta visión que aseguraba la había tenido perfectamente despierto, lo llevó a llamar desesperadamente a Antenor que dormía plácidamente al otro extremo del dormitorio. Antenor trato de calmarlo, indicándole que se trataba de una pesadilla. "No, no", repetía César. "He estado despierto, como lo estoy ahora, despierto, despierto.

Todo lo veo como te veo a ti en este momento..."(1965: 97-98)

Pero en ese 1920, antes de viajar a Santiago de Chuco, ya había "madurado en Vallejo la idea de irse del Perú" (Coyné, 1968: 111). Por eso es que la llegada a Trujillo lo deprime: "sus 'hermanos' de El Norte por más que están disconformes con el medio, viven acordes al ritmo sosegado de la capital norteña: *Estáis muertos,* les dice su antiguo compañero..." (Ibid.).

¿Por qué dejó sin "ordenar" sus manuscritos poéticos? Vale la pena insistir en que *Poemas humanos* no fue un título elegido por el poeta, sino por la viuda. Además en 1968, Coyné (quien no alcanzó a revisar la edición preparada por Georgette y publicada por Moncloa ese mismo año) advertía:

> En esas condiciones, toda edición futura de *Poemas humanos* debería olvidarse del ordenamiento puramente gratuito y respetar lo único expresamente indicado por Vallejo, disponiendo los poemas en dos grupos: 1) los fechados en setiembre-diciembre de 1937; 2) los restantes, que corren desde 1923 hasta 1937, sin que sepamos lo que el autor hubiese hecho con ellos, de tener tiempo de recogerlos y revisarlos. (289-290)

III. LAS RECEPCIONES

EN VALLEJO SE CUMPLE EL PERIPLO DE TANTOS ESCRITORES hispanoamericanos a partir del Modernismo: de la provincia a la capital y de ésta al extranjero (en el

sentido que se le quiera aplicar al intento y la realización). Lo cierto es que el trujillano siente que el mundillo literario de su tierra y de Lima empieza a quedarle demasiado estrecho. Aunque Parra del Riego lo había dado a conocer en un artículo de 1916 sobre la bohemia de Trujillo (Coyné, 1968: 21) y que Vallejo visitaría en Lima a Eguren y a González Prada (pues registra esos encuentros en crónicas enviadas a La Reforma de Trujillo en marzo de 1918), también había sido el blanco de la pulla de Clemente Palma (Coyné, 1968: 25). De otro lado, su actitud hacia Chocano, el grandilocuente vate de ademanes no menos desproporcionados, era ambigua aún a comienzos de 1922. Así lo indica el hecho que firmara la carta de homenaje y de pedido de asignación del "sueldo de ministro plenipotenciario" (Espejo: 106) para Chocano, y la emoción que sintiera al escucharle recitar *Nostalgia*: "Hace ya diez años / que recorro el mundo. / ¡He vivido poco! / ¡Me he cansado mucho! / Quien vive de prisa no vive de veras: / quien no echa raíces no puede dar frutos…" (Espejo: 107).

Es más que conocida la carta que Vallejo le envía a Orrego respecto de Trilce:

> El libro ha nacido en el mayor vacío… Asumo toda la responsabilidad de su estética. Hoy y más que nunca quizás siento gravitar sobre mí, una hasta ahora desconocida obligación sacratísima, de hombre y de artista, la de ser libre… (Coyné, 1968: 131).

Y el propio Coyné retomará el tema en un ensayo muy pertinente: "Ya que de vallejismos se trata". Lo cierto es que, después de la salida de *Trilce*, Vallejo se halla más solo que nunca, sin auditorio ni compañía.

Sus maestros literarios Darío y Herrera y Reissig
le han otorgado lo que él necesitaba hasta ese momen-
to. (Juan Carlos Ghiano ha rastreado al primero y
Alcides Spelucín al segundo.) Si bien *Trilce* es el libro
vanguardista por excelencia, lo es contra los ismos que
restringen la posibilidad de una voz personal. De ahí
que al estrato modernista se le sumen las lecturas clá-
sicas y barrocas: mucho Quevedo, pero también Lo-
pe[2]. Asimismo, la continuidad entre los libros
publicados en el Perú y los poemas escritos en Europa
y dados a conocer póstumamente, ha sido estudiada
de manera cabal por Roberto Paoli empleando el con-
cepto de expresionismo en "¿Por qué Vallejo? Un re-
volucionario del idioma". (Para el caso de las variantes
en *Los heraldos negros* y *Trilce*, y de cómo el poeta daba
siempre en el clavo, Paoli tiene también un ensayo
reciente e interesantísimo.)

El tono excesivamente coloquial de *Trilce* no sólo

---

2. No sé si alguien ha estudiado ya este soneto ta "vallejiano"
del gran Lope de Vega, a la luz de "Intensidad y altura". Por razo-
nes de espacio dejo esta indagación para otra oportunidad. El
soneto de marras (Lope de Vega: Obras escogidas, Tomo II, ed.
de Federico Carlos Sainz de Robles, Madrid, Aguilar, 4ta. ed.,
1973, pp. 247-248) se titula "Cánsase el poeta de la dilación de
su esperanza":

¡Tanto mañana, y nunca ser mañana! / Amor se ha vuelto
cuervo, o se me antoja; /¿en qué región el sol su carro aloja, /
de esta imposible aurora tramontana? // Sígueme inútil la espe-
ranza vana, / como nave zorrera o mula coja, /porque no me
tratara Barbarroja / de la manera que me tratas, Juana. // Jun-
tos Amor y yo buscando vamos /esta mañana; ¡oh dulces desva-
ríos! / Siempre mañana, y nunca mañanamos. // Pues si vencer
no puedo tus desvíos, / sáquente cuervos de estos verdes ramos
/ los ojos; pero, no, que son los míos. //

LA ESTELA DEL SALMÓN

implica el ajuste de cuentas con el Modernismo (o su aliado, el Simbolismo francés), sino un parentesco con los poetas llamados postmodernistas como López Velarde y Baldomero Fernández Moreno (Coyné, 1968: 38). Podríamos mencionar, en esta línea, a Luis Carlos López, cómo no. Sin embargo (digámoslo de una vez) estamos ante el poeta de las *radicalidades,* ni más ni menos, y esto se puede comprobar revisando las obras de aquéllos que tanto en España como en nuestras tierras han aceptado el reto de seguir a Vallejo para torcerle creativamente la nuca, que no el cuello. No fue gratuito que pronto, en Santiago de Chile y en Buenos Aires, Humberto Díaz-Casanueva y Daniel Devoto acusaran recibo de la edición de Losada de 1949. En ambos países el Cholo ha dejado semilla. Y de España ni se diga, si uno piensa en la poesía de la post-guerra. Al respecto, el ensayo de José María Valverde ("César Vallejo y la palabra inocente", de 1949) recogido luego en *Estudios sobre la palabra poética.* Pero quizás el más significativo, respecto a los contactos de esa época (comienzos de los cincuenta), se encuentre en Las palabras de la tribu (1971) de José Ángel Valente: "César Vallejo, desde esta orilla".

En la obra inicial de Juan Gelman se nota la lucha que está librando el porteño por salirse del magma vallejiano; pero a partir de un momento, ese combate empieza a rendirle frutos, como podemos apreciar en el inconfundible estilo gelmaniano –en *Gotán* (1962), *Fábulas* (1971) y *Relaciones* (1973)– y su paulatino acercamiento a la mística española del XVII, visible en *Interrupciones* I y II (1988). Se trata, añadiría, de un largo aprendizaje de desprendimiento. Es interesante señalar cómo el hijo de Baldomero, es decir, César Fernán-

43

dez Moreno, recoge el guante conversacional para llevarlo al límite en *Argentino hasta la muerte* (1963), donde a los giros coloquiales se les une la invención ensayística, pero siempre con un punto de vista muy candoroso, de sesgo vallejiano. Sospecho que la breve lectura ("desprevenida", la titula) que el autor hace del soneto *Intensidad y altura* busca iluminar también la obra del propio Fernández Moreno, aunque semeje un lema creacionista: "crecer y crecer, siempre a la manera de la naturaleza" (1973: 113). Conviene aquí recordar que Vallejo, que despreciaba al surrealismo, no puso nunca en entredicho a Huidobro (¿tal vez por la afinidad con los cubistas, gratos a Vallejo?).

Lo mismo se puede decir de ese magistral poeta que es José Ángel Valente. La presencia vallejiana que recorre, creativamente, los primeros libros agrupados en *Punto cero* (1980), cederá terreno a la cábala y también la mística en *Tres lecciones de tinieblas* (1980), *Mandorla* (1982), *El fulgor* (1984) y *Al dios del lugar* (1989). Pero la misma ascendencia en Blas de Otero, por ejemplo, así como en la zona "realista" de algunos poetas peninsulares del 50, devino casi mordaza en no pocos casos. Vale decir, atollamiento. Ángel González optó por la ironía llevada hasta sus últimas consecuencias, un rasgo que sólo se aprecia en los libros posteriores a la recopilación *Palabra sobre palabra* (1968).

En el caso de la tradición chilena, esto es clarísimo. Para apartarse de Neruda y de Huidobro, poetas como Gonzalo Rojas y Nicanor Parra han recurrido a Vallejo, en el estricto sentido, y han salido más que gananciosos. La antipoesía parriana de mediados de los cincuenta no podría explicarse sin la presencia de un Yo que no es el nerudiano porque su relación con el

lenguaje es áspera, por más que se mantenga la sensualidad. De otra parte, Rojas compone *Por Vallejo* como un exorcismo. Exclaman los primeros versos:

> Ya todo estaba escrito cuando Vallejo dijo: —Todavía.
> Y le arrancó esta pluma al viejo cóndor
> del énfasis. El tiempo es todavía,
> la rosa es todavía y aunque pase el verano, y las
> 　　　　　　　　　　　　　　　　　　　　[estrellas
> de todos los veranos, el hombre es todavía...

Algo similar hallamos en las obras de Enrique Lihn y Oscar Hahn. Probablemente sus lecturas formativas incluyeron, a modo de distanciamiento con los nombres de su propia tradición, algunos senderos del trujillano[3].

En la tradición peruana, Vallejo marcó a los poetas de la década del cincuenta, sin duda. Pienso en Romualdo y en Sebastián Salazar Bundy, aunque también tendríamos que mencionar a Eielson y a Belli. (Me refiero a los marcados y no a los "encebollados", que se cuentan con los dedos de varias manos.) Sin embargo su poesía siempre ha formado parte, en el Perú, del sistema "enemigo", que no debe seguirse. Los antídotos han sido, para muchos, el surrealismo de Moro, la controlada libertad de Westphalen, el vanguardismo

---

3. El poema que da título a *La pieza oscura* (1963), de Enrique Lihn, posee la misma atmósfera agobiante de T. III ("Las personas mayores / ¿a qué hora volverán?...").

En O. Haihn, por ejemplo, los guarismos en "Escrito con tiza", de *Arte de morir* (2da. ed., 1979). O también "Ningún lugar está

cinético de Oquendo de Amat, el verbo inacabable de Martín Adán y la atmósfera egureniana, opciones todas al alcance de la palabra de los más jóvenes. En este sentido diría que ha sido fructífera, pues no ha significado una presencia (hablo de los textos) que silenciara a los decididos, sino quizá un reto entre varios posibles.

IV. LAS DISCORDIAS

LA POESÍA DE VALLEJO HA DEJADO, ADEMÁS (Y SIN proponérselo, claro), una secuela polémica. Ya en los delirios de su agonía quiere la historia que hallemos esas contradicciones: aquello que tal vez sí dijo ("… tengo un defensor: Dios"), lo que para otros no fue dicho y sobre todo a quién le encomendó sus poemas (Coyné, 1968: 263-265). Cedamos la palabra al autor de "Ya que de vallejismos se trata":

Vallejo había muerto en abril de 1938. Al morir dejará una cantidad de poemas inéditos, que, en su gran mayoría, eran desconocidos de su viuda y, en su totalidad, de Juan Larrea, el íntimo de otros tiempos, pero con el cual había dejado de verse y que ni siquiera se acordaba que, en 1935, Vallejo lo encargara que gestionase en Madrid la publicación de un nuevo "li-

aquí o está ahí", de *mal de amor* (1981), que recuerda tanto a "Trilce" (Alfar, núm. 33, La coruña, octubre 1923), poema no recogido en libro y que empieza: "Hay un lugar que yo me sé / en este mundo…", como a "El buen sentido", de *Poemas humanos:* "Hay, madre, un sitio en el mundo, que se llama París…".

46

bro de versos" suyos. De inmediato, Georgette se entregó a "transcribir" los poemas con los que había tenido la sorpresa de encontrarse. Al mes, Larrea tenía entre manos una de sus copias, de donde extrajo la materia de la antología que iba a integrar el homenaje del Boletín del Comité Iberoamericano de Defensa de la República Española. En vida de Vallejo, Larrea nunca le había dedicado una línea; leyendo los póstumos, y especialmente las composiciones de *España, aparta de mí este cáliz,* de pronto comprendió, no sólo lo que tenían de excepcional, sino hasta qué punto "la figura y la obra" del santiaguino, que no en vano fuera años seguidos, "su amigo más cercano", encuadraban en el sistema teleológico y neomúndico, que él venía elaborando desde su viaje de 1930-1931 al Alto Perú y del que la tragedia española acaba de descubrirle "los albores" de su realización. Se encerró y escribió las páginas vehementes de *Profecía de América,* después de haber provocado "la explosión sin reticencias" de Georgette. Es asunto conocido el odio que en adelante ligaría, más de lo que podría hacer cualquier amor, a la viuda carnal de Vallejo y al que tendremos que designar como su viudo mental. (1988: 84-85)

De ahí que se escindan los lectores "apasionados" o los críticos quisquillosamente amigos de la curiosidad. O es la versión de Larrea o es la de Georgette. El término medio resulta difícil, pero ha de ejercitarse. La *Obra poética completa* (1968), preparada por Georgette y prologada por Américo Ferrari, ofrece una distribución original de los poemas que el autor dejó inéditos. Asimismo, en la Poesía completa (1978), Larrea da su

propia división y la nombra. (Para críticas, meditadas y extensas, de esta última, ver las reseñas de Alberto Escobar y André Coyné.) El comentario de David Sobrevilla es preciso:

> En verdad, no hay mayores problemas editoriales con respecto a los poemas juveniles y a los libros *Heraldos, Trilce* y *España*, las verdaderas dificultades se encuentran en los 95 poemas escritos por Vallejo entre *Trilce* y *España*. En opinión de Georgette de Vallejo, 19 de ellos integran los *Poemas en prosa* y los restantes 76 los *Poemas humanos*. Según Juan Larrea 41 pueden ser ordenados en el "grupo poemático" al que denomina *Nómina de huesos* y los restantes 54 en el otro grupo al que llama *Sermón de la barbarie*. Ahora bien, si las críticas de Larrea a la edición de estos 95 poemas son en parte justificadas, su propia edición tampoco es satisfactoria y dista mucho de que pueda ser considerada como una edición definitiva. (1980: 6)

Ya podrá sospechar el lector que esta divergencia irresoluble de opiniones trajo, desde un principio, otros tantos pareceres encontrados. Señalaremos, de paso, cómo algunos críticos sienten la necesidad de zanjar de plano con las propuestas hermenéuticas de los demás. Enrique Ballón, por ejemplo, reprocha en Higgins "el descuido metodológico del armazón que sostiene el edificio crítico" (Sobrevilla, 1975: 60), para postular, por su lado, una lectura que "evite el desorden gnoseológico y que ponga de manifiesto las estructuras latentes de la obra" (Ibid.). Sobrevilla acepta el reto filosófico y le contesta a Ballón, criticando de pasadita al estructuralismo francés por haber "tomado

muchas de las ideas de la escuela norteamericana transformacionalista y [haberlas] elaborado a su manera" (Ibid.: 127). La palabra prohibida para Ballón, esgrimiendo a Greimas, sería intuición. Sobrevilla se afana en demostrarle que sin intuición tampoco habría método. En fin: pelea a muerte, enfriamiento de relaciones, los platos rotos en la misma casa del Cholo.

Incluso en Coyné, que —como se habrá notado a lo largo de estas páginas— sabe lo suyo y dice su verdad sin pretensiones de cancerbero, hallamos el hachazo para Xavier Abril, Larrea y Neruda (1968: 302). Y esta es otra historia: la oposición personal (y luego poética) del chileno y el peruano a partir de minucias y sutilezas espectaculares, como aquello de quién fue más militante o quién sí estuvo ahí donde las papas queman o quién escribió la mejor poesía ("revolucionaria" o no). Creo que nadie pondría en duda que *España, aparta de mí este cáliz* es un libro muy superior a *España en el corazón* (1938), así como a nadie se le ocurriría afirmar que Neruda y Vallejo eran dos "almas gemelas". Pero algunos personajes de la crítica o la farándula empezaron la bola (¿quién es el poeta?, ¿quién el ser humano?) y ha tardado mucho tiempo en atenuarse. (Al respecto, el artículo de César Lévano, a la muerte de Neruda, pone una cuota de mesura.)

V. LOS POEMAS

LA SELECCIÓN DEL PRESENTE VOLUMEN ES MÁS QUE representativa de las bondades poéticas de nuestro autor, siempre y cuando reconozcamos que libros como *Trilce* (donde los LXXVII poemas carecen de tí-

tulos y están sólo numerados) y *España, aparta de mí este cáliz* (15 poemas) merecen lecturas completas. (Pero, lo sabemos, no todo puede salir a pedir de boca.)

El corte que da el poeta entre *Los heraldos negros* y *Trilce* no lo parece tanto (al margen, obviamente, de la distribución tipográfica vanguardista y del ocultamiento semántico que responde al proyecto del libro) si nos atenemos a la relación del poeta con la lengua hablada (no me refiero solamente a los peruanismos, sino a partir de ellos a una presencia tan fuerte como el hogar, en el doble sentido de fuego y morada), esa fidelidad que le diera enormes dividendos. Américo Ferrari, en un libro ya clásico, explora lo que llama las grandes obsesiones del poeta y empieza por "La lesión de la incógnita". Esta incertidumbre será una constante desde el texto que da título a su primer libro:

> ... lo que importa subrayar es que si el ser que Vallejo trata de comprender no se revela jamás enteramente a la comprensión, tampoco está totalmente oculto. Se descubre, pero como algo opaco, a través de determinaciones, contradictorias y negativas; como algo impenetrable que no se manifiesta ante la mirada pero cuya presencia sentimos afectivamente y, sobre todo, en la medida en que sufrimos. (1974: 35)

La observación es más que adecuada, puesto que el mismo trato con el lenguaje es asumido por el *sujeto poético*. Ese mantenerse en el borde entre lo trascendental y lo "huachafo" (limeñismo que no es exactamente "mal gusto", sino algo más), deviene soporte

LA ESTELA DEL SALMÓN

de una emotividad en todo momento explosiva. Y, sin embargo, domesticada a su vez por el humor tan íntimo, tan de diminutivos, que sólo un lector ya familiarizado con la jerga del poeta podría percibir, aunque le costaría mucho tratar de explicarlo.

Y es que Vallejo entendió, desde el comienzo, que las palabras constituyen un refugio para quien las otorgue o reciba con mucha suspicacia. Por más que el modernismo se pasea de cabo a rabo en *Los heraldos negros,* hay un desplazamiento de orden externo (formal, expresivo) e interno (semántico, de concepción). *Trilce* vuelve álgidos (en apariencia) a estos dos rostros de la medalla. En Vallejo reconocemos al poeta que supo como ninguno distinguirse del modernismo sin caer en la tentación del cambio de atuendo (los cisnes por el avión, digamos) en pos de lo novedoso. Él buscaba siempre la "sensibilidad nueva" (Vallejo, 1973: 101). André Coyné explica el cambio:

> La necesidad de liquidar la herencia del siglo XIX es sensible en todos los poetas de aquel entonces y, con *Trilce,* Vallejo participa de un movimiento general que suprime la rima, los ritmos regulares, "las cadenas de enganche sintáctico y las fórmulas de equivalencia", suprime o, al menos, utiliza libremente la puntuación, da un nuevo carácter a la grafía poética (espacios, líneas de mayúsculas, escritura vertical, diagonal, etc.) y deja de tener en cuenta las cualidades musicales y auditivas del poema para suscitar más bien una "arquitectura visible". Lo que nunca podremos saber exactamente es qué determinó a Vallejo a emprender su más grande aventura y por qué etapas precisas luego transitó. A pesar de algunos versos, *Trilce* no

51

es un libro ultraísta; sí es un libro –insistimos– de los años 20... (1968: 135136)

Llama la atención, entonces, que el sujeto poético como tal, como persona, no sólo nunca desaparezca sino que se manifieste a veces, en los poemas inéditos, con nombre y apellido. El recurso ya está en T. LV ("Samain diría el aire es quieto y de una contenida tristeza. // Vallejo dice hoy la Muerte está soldando a cada hebra de cabello perdido..."), pero en los poemas escritos en Europa la voz adopta una manera confesional. Cabe pensar que tal efusión es la respuesta a un hambre y sed de lenguaje de este protagonista que ve alejarse de él, en cada momento, la felicidad en forma de comida, sociedad, justicia, compañerismo, amor filial, vocabulario. El suplicio tantálico, estudiado por Max Silva Tuesta, abarca también a la lengua poética. Si el sujeto es despojado de todo, la única forma que tiene de defenderse es por la vía de lo personal:

La gramática, como norma colectiva en poesía, carece de razón de ser. Cada poeta forja *su* gramática *personal e intransferible,* su sintaxis, *su* ortografía, *su* analogía, *su* prosodia, *su* semántica. Le basta no salir de los fueros básicos del idioma. El poeta puede hasta cambiar, en cierto modo, la estructura literal y fonética de una misma palabra, según los casos. Y esto, en vez de restringir el alcance socialista y universal de la poesía, como pudiera creerse, lo dilata al infinito. Sabido es que cuanto más *personal* (repito, no digo individual) es la sensibilidad del artista, *su* obra es más universal y colectiva. (Vallejo, 1973: 64, subrayados míos)

LA ESTELA DEL SALMÓN

Es curioso que Vallejo dictaminara la "Autopista del superrealismo" (1973: 78-79), y podríamos decir que también la de aquella frase de Lautréamont de que la poesía sería "hecha por todos", e insistiera en que el socialismo, en términos lingüísticos, representa un anti-Babel contra la "confusión de lenguas del mundo capitalista" (1973: 62 y 98). Al mismo tiempo sorprende su insistencia en lo personal frente a lo individual (¿cuál sería la diferencia?), entre lo intransferible y lo vacuamente egoísta (si tal fuese el sentido de "individual"). Pero conseguir lo personal y lo intransferible cuesta esfuerzo, por no decir cantidades de sudor. Hasta qué punto es tan tierno y simultáneamente algo cándido comprobar cómo los originales de sus poemas llevan el sello "Propiedad de César Vallejo". No quiero insinuar nada psicoanalítico respecto de la propiedad privada del lenguaje frente a la de los medios de producción en la sociedad capitalista. Pero precisamente el dato es relevante por esa razón: así como el obrero sólo es dueño de su fuerza de trabajo, el poeta lo es de su lengua. Sólo así se explica la convicción con que Vallejo establece otra diferencia, esta vez entre el poeta auténtico (es decir, el profeta) y el "grosero estilo profético" de Víctor Hugo:

El poeta emite sus anunciaciones de otro modo: insinuando en el corazón humano, de manera oscura e inextricable, pero viviente e infalible, el futuro vital del ser humano y sus infinitas posibilidades. El poeta profetiza creando nebulosas sentimentales, vagos protoplasmas, inquietudes constructivas de justicia y bienestar social. (1973: 45-46)

Vaya estilo oracular. Empero, es el impresionante y vigoroso de *España, aparta de mí este cáliz,* en el que las cosas menudas destilan la angustia de la caída de la humanidad, representada en la República española. También será el del abismo que las palabras contemplan (merced al lenguaje, por cierto, esa argucia). Pero el precipicio, en el caso de la poesía, no conduce al agarrotamiento de la muerte. Vallejo lo supo, sí que lo supo. Es el salto inevitable a otro tipo de permanencia: en nosotros, sus lectores.

Seattle, marzo de 1992.

CITAS A PROPÓSITO DE
CÉSAR VALLEJO

SE HABLA DE ÉL COMO UNO DE LOS FUNDADORES DE la moderna poesía latinoamericana, como de un genio, pero siempre con la prudencia reticente que se deja para lo que no se conoce muy bien.

Marcelo Cohen

TRILCE QUIERE DECIR TRES SOLES, TRES MONEDAS DE un sol. Pero también es la prolongación de la palabra dulce en el número.

Marcelo Cohen

LAS INNOVACIONES FORMALES DEL ULTRAÍSMO, PUES-tas por Vallejo al servicio de una conciencia trágica-mente conflictual, expresan una pasión y un patetismo que nunca son monódicos, unitonales.

Saúl Yurkievich

NO HAY POETA DE LENGUA CASTELLANA QUE, COMO Vallejo, haya logrado expresar con su propio lengua-je un estado del espíritu y de la historia social como el que se vive desde comienzos de siglo.

Ciro Alegría

CITAS A PROPÓSITO DE...

PENSABA O SOÑABA QUIÉN SABE QUÉ COSAS. DE TODO su ser fluía una gran tristeza. Su dolor era a la vez una secreta y ostensible condición.

Ciro Alegría

VALLEJO, AUTÉNTICO MESTIZO, HABÍA HEREDADO DE sus abuelas indias una dulzura nostálgica, sensible a toda clase de presagios y a la que exacerbaban los palos recibidos sin motivo... En cambio, no sabía quechua y –cosa más importante– no creo que su poco conocimiento de la simbología le haya permitido entonces ahondar el sentido de los viejos mitos americanos.

André Coyné

PARA GANARSE LA VIDA, VALLEJO NO DISPUSO JAMÁS de otra herramienta que su talento. Lo usó, naturalmente sin sobrarse, con la risueña actitud juvenil que lo caracterizó. No quiere decir esto que no sufriera penas físicas y metafísicas. Sin embargo, tales penas las envainó en el verso, metal de sus congojas, en tanto que en las conversaciones y en la prensa daba rienda suelta a su humor, nunca trágico, nunca exclusivista, siempre poroso, abierto, instilatorio. *Luis Alberto Sánchez* vallejo llevó esa pobreza pacientemente, la cargó como un buey a su trabajo diario. Hasta cansarse de mirarla y remirarla, hasta aburrirse de enhebrar su aguja de fatiga.

Mario Jorge de Lellis

PERO, EN FIN, LA VIDA UNA VEZ MÁS NOS DA, DE MODO desconcertante, su lección: su misterioso sentido se rebela a todo esquema que puedan crear los hombres: Vallejo, quien vivió según se dice a espaldas de lo maravilloso, del amar loco, del azar objetivo, del humor negro, y que tal vez nunca pensó conscientemente en la disolución de las fronteras antinómicas, él, con su vida y su obra inusitadas, es la más alta encarnación en la literatura contemporánea, del justo anhelo de los surrealistas, a quienes paradójicamente se apresuró a extenderles en forma prematura la correspondiente partida de defunción.

Carlos Germán Belli

VALLEJO ES, EVIDENTEMENTE, LA ÚLTIMA GRAN FIGUra en la mitología poética de Hispanoamérica... él, en América hispana, y García Lorca en España, son los postreros representantes de ese especimen llamado "poeta de la lengua" o "poeta de la raza", individuos cuyas ideas, cuyo lenguaje, cuya actitud ante la vida podían ser inconformistas o hasta revolucionarios, sin que tal cosa implicara obstáculo para que su obra fuera objeto de una especie de culto...

Hernando Valencia Goelkel

OTRO HOMBRE FUE VALLEJO. NUNCA OLVIDARÉ SU gran cabeza amarilla, parecida a las que se ven en las antiguas ventanas del Perú. Vallejo era serio y puro. Se murió en París. Se murió del aire sucio de París, del río sucio de donde han sacado tantos muertos. Vallejo se murió de hambre y de asfixia. Si lo hubiéramos

traído a su Perú, si lo hubiéramos hecho respirar aire
y tierra peruanos, tal vez estaría viviente y cantando.

Pablo Neruda

EN LOS ÚLTIMOS TIEMPOS, EN ESTA PEQUEÑA GUERRA
de la literatura, guerra mantenida por pequeños sol-
dados de dientes feroces, han estado lanzando a Valle-
jo, a la sombra de César Vallejo, a la ausencia de César
Vallejo, a la poesía de César Vallejo contra mí y mi
poesía.

Pablo Neruda

CRONOLOGÍA

CÉSAR VALLEJO
(1892-1938)

CRONOLOGÍA

AÑO	CÉSAR VALLEJO	CONTEXTO HISTÓRICO
1892	Nace César Vallejo en Santiago de Chuco, siendo el último de once hijos del matrimonio de Francisco P. Vallejo y María de los Santos Mendoza.	
1893		Exposición universal en Chicago. Hawaii se convierte en protectorado de los Estados Unidos.
1894		Nicolás II, zar de Rusia. Descubrimiento de oro en Alaska. Guerra en el Lejano Oriente.
1895		Fundación de la C.G.T. en Francia.
1896		
1897		Mackinley, presidente de los Estados Unidos. Independencia de Cuba.
1898		Guerra hispanoamericana. Estados Unidos obtiene Guam, Puerto Rico y Filipinas.
1899		Conferencia de paz en La Haya, Holanda. Segunda guerra de los boers. Guerra civil en Colombia.

60

CRONOLOGÍA

CONTEXTO CULTURAL   AÑO

Nacen Alfonsina Storni, Pearl Buck e Ivo Andric. Ibsen: *El cons-*   1892
tructor Solness. Stevenson: *El náufrago*. Wilde: *El abanico de Lady Windermere*. Pintura: Toulouse-Lautrec: *Jane Avril ante el Moulin Rouge*. Música: Leoncavallo: *Los payasos*. Mueren Walt Whitman y Tennyson.

Nacen Vicente Huidobro y Joan Miró. Wilde: *Una mujer sin im-*   1893
portancia. Lugones: *Los mundos*. D'Annunzio: *Poema paradisiaco*. Música: Chaicovski: *Sinfonía patética*. Mueren Altamirano, Zorrilla, Del Casal y Maupassant.

Nacen Aldous Huxley e Isaak Babel. Kipling: *El libro de la selva*.   1894
Crane: *La roja divisa del valor*. Música: Debussy: *Preludio a la tarde de un fauno*. Mueren Juan León Mera y R.L. Stevenson.

Nacen León de Greiff, Paul Éluard y Ezequiel Martínez Estrada.   1895
H.G. Wells: *La máquina del tiempo*. O. Wilde: *La importancia de llamarse Ernesto*. Yeats: *Poemas*. Stevenson: *Cartas de Vailima*. Mueren Jorge Isaacs, Friedrich Engels, José Martí y Manuel Gutiérrez Nájera.

Nacen John Dos Passos, Francis Scott Fitzgerald, Antonin Artaud   1896
y André Breton. Chejov: *La gaviota*. Proust: *Los placeres y los días*. Rubén Darío: *Prosas profanas*. Carrasquilla: *Frutos de mi tierra*. Música: Puccini: *La bohemia*. Pintura: Gauguin: *Nacimiento de Cristo*. Mueren José Asunción Silva, Paul Verlaine, Harriet Beecher Stowe y Alfred Nobel. Se crean los premios Nobel.

Nace William Faulkner. H. James: *Otra vuelta de tuerca*. Wells: *El*   1897
hombre invisible. Mallarmé: *Un golpe de dados jamás abolirá el azar*. Lugones: *La montaña de oro*. Rodó: *La vida nueva*. Kipling: *Capita-nes intrépidos*. Mueren Brahms y A. Daudet.

Nacen George Gershwin, Ernest Hemingway, Serghei Eisenstein   1898
y Dámaso Alonso. Wells: *La guerra de los mundos*. Wilde: *Balada de la cárcel de Reading*. D'Annunzio: *El fuego*. Escultura: Rodin: *Balzac*. Mueren Lewis Carroll, Bertolt Brecht y Mallarmé.

Nacen Miguel Ángel Asturias, Federico García Lorca, Yasunari   1899
Kawabata y Jorge Luis Borges. Tolstoi: *Resurrección*. Rodó: *Rubén Darío*. Carrasquilla: *El padre Casafús*. Conrad: *El corazón de las ti-nieblas*. Zola: *Fecundidad*. Música: Ravel: *Pavana para una infanta difunta*. Sibelius: *Sinfonía no. 1*.

61

CRONOLOGÍA

AÑO	CÉSAR VALLEJO	CONTEXTO HISTÓRICO
1900		En Irlanda, se recrudece la lucha por la independencia.
1901		Uruguay firma contratos con Francia para las obras del puerto de Montevideo. Muere la reina Victoria de Inglaterra; la sucede Eduardo VII. Estados Unidos establece un protectorado sobre Cuba con la enmienda Platt.
1902		Fin de la guerra de los boers y de la guerra civil en Colombia. Alemania, Italia y Gran Bretaña organizan un bloqueo a Venezuela por el no pago de su deuda.
1903		Fundación de la República de Panamá. En Irlanda, una ley agraria permite a los arrendatarios convertirse en propietarios de la tierra.
1904		Guerra entre Rusia y Japón. Desastre militar ruso.
1905		Revolución en Rusia. Los japoneses invaden Port Arthur. Levantamiento nacional en Irlanda.
1906		Un terremoto destruye a San Francisco (California). Roosevelt, premio Nobel de la paz. Constitución "atea" en Ecuador. Huelgas en el norte de Chile.
1907		Pacto entre Inglaterra, Francia y Rusia: Triple Alianza.

CRONOLOGÍA

CONTEXTO CULTURAL	AÑO

Nace Antoine de Saint-Exupéry, Luis Buñuel y Louis Armstrong. Conrad: *Lord Jim*. London: *El hijo del lobo*. Machado de Assis: *Don Casmurro*. Gaudí construye el parque Güell. Pintura: Gauguin: *Noa Noa*. Música: Puccini: *Tosca*. Mueren Oscar Wilde y Friedrich Nietzsche. — **1900**

Nacen André Malraux y Vittorio de Sica. Chejov: *Las tres hermanas*. Hudson: *El ombú*. Selma Lagerlof: *Jerusalem*. T. Mann: *Los Buddenbrooks*. Altamirano: *El zarco* (póstumo). Sully Prudhomme, primer laureado con el premio Nobel de literatura. — **1901**

Nace John Steinbeck. H. James: *Las alas de las palomas*. Muere Émile Zola. — **1902**

Nacen Erskine Caldwell, Konrad Lorenz, George Orwell y Marguerite Yourcenar. Rubén Darío: *Oda a Roosevelt*. Jack London: *La llamada de la selva*. — **1903**

Nacen Alejo Carpentier, Salvador Dalí, Pablo Neruda y Graham Greene. H. James: *La urna de oro*. Muere Anton Chejov. — **1904**

Nace Jean Paul Sartre. Rilke: *Libro de horas*. Unamuno: *Vida de don Quijote y Sancho*. Lugones : *La guerra gaucha*. Darío: *Cantos de vida y esperanza*. Pintura: Matisse: *La alegría de vivir*. Muere Julio Verne. — **1905**

Nace Samuel Beckett. Sinclair: *La jungla*. Lugones: *Las fuerzas extrañas*. Mueren Henrik Ibsen y Paul Cézanne. — **1906**

Nace W.H. Auden. Gorki: *La madre*. J. Benavente: *Los intereses creados*. London: *Colmillo Blanco*. Rudyard Kipling, premio Nobel de literatura. — **1907**

CRONOLOGÍA

AÑO	CÉSAR VALLEJO	CONTEXTO HISTÓRICO
1908		Crisis económica internacional.
1909		Colombia reconoce la soberanía de Panamá.
1910	Se matricula en la facultad de filosofía y letras de la Universidad de Trujillo, pero se ve obligado a retirarse por falta de medios económicos.	Muere Eduardo VII de Inglaterra; lo sucede Jorge V. Suráfrica se convierte en dominio británico. Se inicia la revolución mexicana.
1911	Viaja a Lima para estudiar medicina, pero ante la ausencia de empleo, abandona otra vez los estudios.	Augusto B. Leguía gobierna en el Perú. Conflicto con Colombia. Hiram Bingham, al frente de la expedición de la Universidad de Yale, descubre las ruinas de Machu Picchu. Taft disuelve la Standard Oil y la Tobacco Co. Guerra ítaloturca: Italia se anexa la Tripolitania. Amundsen llega al Polo Sur. Golpe de Agadir.
1912		Huelgas de campesinos y conductores de tranvías en Perú. Congreso de Estudiantes Latinoamericanos en Lima. Conflicto argentino-paraguayo. Insurrección negra en Cuba. El informe sobre la explotación de indios en el Putumayo causa reacción papal y el arresto del director de la British Rubber Co. Comienza la primera guerra balcánica. Protectorado francés sobre Marruecos. Convención horaria internacional. Se hunde el *Titanic*, en su viaje inaugural.

CRONOLOGÍA

CONTEXTO CULTURAL   AÑO

Nace Simone de Beauvoir. Chesterton: *El hombre que fue jueves.*   1908
France: *La isla de los pingüinos.* Pintura: Picasso: *Las señoritas de
Aviñón.* Música: Ravel: *Mi madre la oca.* Muere Machado de Assis.
Creación de Hollywood. Primeras películas argentinas y brasile-
ñas.

Nacen Juan Carlos Onetti y Ciro Alegría. Lugones: Lunario sen-   1909
timental. Rodó: *Motivos de Proteo.* Maeterlinck: *El pájaro azul.*
London: *Martin Eden.*

Ricardo Palma: *Tradiciones Peruanas.* Abraham Valdelomar: *Con la*   1910
argelina al viento. Rubén Darío: *Oda a la Argentina.* Lugones: *Odas
seculares.* Pérez Galdós: *Casandra.* Pío Baroja: *César o nada.* D'An-
nunzio: *Quizás sí, quizás no.* Rilke: *Cuadernos de Malte Laurids Brigge.*
Colette: *La vagabunda.* Música: Stravinsky: *El pájaro de fuego.*
Muere Tolstoi.

Nacen Tennessee Williams, William Golding, Ernesto Sábato y   1911
José María Arguedas. Baroja: *El árbol de la ciencia.* D.H. Lawrence:
El pavo real blanco. K. Mansfield: *Una pensión alemana.* Mariano
Azuela: *Andrés Pérez, maderista.* Lugones: *Historia de Sarmiento.*
M.Maeterlinck, premio Nobel de literatura. Pintura: Duchamp:
Desnudo bajando una escalera no.1.

Nacen Lawrence Durrell, Jorge Amado y Eugene Ionesco.   1912
Rolland: *Jean-Christophe.* Azorín: *Poesías.* Mann: *Muerte en Venecia.*
Claudel: *La anunciación a María.* Antonio Machado: *Campos de
Castilla.* Valle Inclán: *Voces de gesta.*Música: Ravel: *Dafnis y Cloé.*
Schünberg: *Pierrot lunaire.*

CRONOLOGÍA

AÑO	CÉSAR VALLEJO	CONTEXTO HISTÓRICO
1913	Es nombrado preceptor del Centro Escolar de Varones, lo que le permite ingresar a la facultad de letras de la Universidad de Trujillo. Publica en *Cultura infantil* sus poemas *Transpiración vegetal* y *Fosforecencias*.	En el puerto del Callao, Perú, se logra la jornada laboral de ocho horas. Colonización japonesa en Brasil. Turquía inicia una nueva guerra balcánica. Poincaré, presidente de Francia. Wilson, presidente de Estados Unidos Tratado de Bucarest y acuerdo anglo-alemán sobre las colonias portuguesas.
1914		Golpe militar del general Benavides derroca al presidente peruano Billingurst. Clausura del diario La Lucha. Comienza la explotación comercial del petróleo en Venezuela. Colombia reconoce la independencia de Panamá. Apertura del Canal de Panamá. Comienza la primera guerra mundial, con el asesinato de Francisco Fernando de Habsburgo en Sarajevo. Asesinato de Jean Jaurès en Francia. Muere Pío x; lo sucede Benito xv. Invasión de Bélgica y batalla del Marne.
1915	Abandona el Centro Escolar e ingresa al Colegio Nacional San Juan. Se relaciona con jóvenes intelectuales de Trujillo, entre los que se destacan: Víctor Raúl Haya de la Torre, Antenor Orrego. Conoce a Otilia, su primer amor, a quien años más tarde dedicará el famoso poema *Idilio muerto*.	José Prado, presidente constitucional en el Perú. Los alemanes emplean gases asfixiantes en la guerra, torpedean el *Lusitania*. Italia declara la guerra a Austria. Los Aliados deciden el bloqueo marítimo. Triunfos alemanes en el frente ruso.
1916		Promulgación de la Ley del Salario Mínimo para los trabajadores indígenas en Perú. Yrigoyen, presidente de Argentina. Batallas de Verdun y del Somme. Ofensivas rusa e italiana. Segunda Conferencia Internacional Socialista. Asesinato de Rasputín en Rusia. Reelección de Wilson en Estados Unidos

CRONOLOGÍA

CONTEXTO CULTURAL	AÑO

Nace Albert Camus. M.Proust: *En busca del tiempo perdido.* **1913**
Apollinaire: *Alcoholes* y *Los pintores cubistas.* Unamuno: *Del sentimiento trágico de la vida.* Benavente: *La malquerida.* D.H. Lawrence: *Hijos y amantes.* Rodó: *El mirador de Próspero.* Música: Stravinsky: *La consagración de la primavera.* Primera gran exposición de arte moderno: *Armony Show* en Nueva York.

Nacen Dylan Thomas, Octavio Paz, Julio Cortázar y Adolfo Bioy **1914**
Casares. James Joyce: *Dublineses.* Ortega y Gasset: *Meditaciones del Quijote.* Unamuno: *Niebla.* Juan Ramón Jiménez: *Platero y yo.* A.Gide: *Las cuevas del Vaticano.* A. Nervo: *Serenidad.* Blanco Fombona: *El hombre de oro.* R.Arévalo Martínez: *El hombre que parecía un caballo.* Cine: Charlie Chaplin: *Carlitos periodista.*

Nacen Saul Bellow y Roland Barthes. A. Valdelomar: *La Mariscala.* **1915**
G. Mistral: *Los sonetos de la muerte.* R. Güiraldes: *El cencerro de cristal.* Kafka: *La metamorfosis.* Woolf: *The voyage out.* Romain Rolland, premio Nobel de literatura. Música: Manuel de Falla: *El amor brujo.* Matos Rodríguez: *La cumparsita.*

Freud: *Introducción al psicoanálisis.* Joyce: *Retrato del artista adoles-* **1916**
cente. H.Quiroga: *Cuentos de amor, de locura y de muerte.* Azuela: *Los de abajo.* Huidobro: *Adán.* Mueren Jack London, Henry James y Rubén Darío.

CRONOLOGÍA

AÑO	CÉSAR VALLEJO	CONTEXTO HISTÓRICO
1917	Viaja por barco a Lima, llevando sus poemas con la intención de publicarlos.	Perú rompe relaciones con Alemania. Creación de la Central General de Trabajadores. Constitución de la Federación de Estudiantes del Perú. Puerto Rico, territorio norteamericano. Brasil entra en guerra con Alemania. Un terremoto arrasa la ciudad de Guatemala, y otro la de San Salvador. Estados Unidos declara la guerra a Alemania. Abdicación del zar Nicolás II de Rusia. Comienza la revolución rusa y el Soviet se toma el poder. Finlandia proclama su independencia.
1918	Recibe la noticia del fallecimiento de su padre.	Fin de la primera guerra mundial; conferencia de Versalles. Ruptura entre los Aliados y el Soviet. Asesinato de Nicolás II. Lenin asume el poder.
1919	Aparece el libro *Los heraldos negros.*	En Perú, Leguía encabeza una revolución contra Prado; el Congreso lo aprueba como presidente constitucional. Huelgas y paros generales en enero y mayo. Constitución del Comité Pro-Derecho Indígena. Asesinato de Zapata en México. Huelga portuaria en Argentina, ley marcial y represión. Desintegración del imperio austro-húngaro. Tratado de paz en Versalles. Fundación de la III Internacional Socialista en Moscú. Aparecen los "fascios" en Italia. Creación de la Sociedad de Naciones. Gandhi entra a la lucha por la independencia de la India.
1920	Acusado de participar en desórdenes callejeros, es apresado en noviembre y sólo alcanza la libertad 102 días después.	Disolución del imperio turco. Comienza a sesionar la S.D.N. En Alemania, fundación del partido Obrero Nacionalsocialista (nazi). Ley seca en Estados Unidos. Huelgas en Francia e Italia. "Domingo sangriento" en Dublín.

CRONOLOGÍA

CONTEXTO CULTURAL	AÑO

Nacen Heinrich Böll y Anthony Burgess. T.S.Eliot: *El canto de amor de Alfred Prufrock*. Apollinaire: *Los senos de Tiresias*. Valéry: *La joven Parca*. Muere José Enrique Rodó. Creación del premio Pulitzer. Música: Primer disco de jazz: *Dixie Jazz Band One Step*. Triunfo del son en Cuba. Cine: Mary Pickford: *Pobre niña rica*. **1917**

Nacen Soljenitsin e Ingmar Bergman. A. Valdelomar: *El caballero Carmelo*, cuentos. Angélica Palma: *Vencida*. Huidobro: *Poemas árticos*. Azuela: *Tribulaciones de una familia decente*. D'Annunzio: *El desquite*. Gómez de la Serna: *Pombo*. Apollinaire: *Caligramas*. Pintura: Modigliani: *Retrato de mujer*. **1918**

Maugham: *La luna y seis peniques*. Rolland: *Colas Breugnon*. Ureta: *Poemas*. Valdelomar: *Belmonte el trágico*. H. Quiroga: *Cuentos de la selva*. A. Storni: *Irremediablemente*. Juana de Ibarbourou: *Las lenguas de diamante*. Gide: *Sinfonía pastoral*. Hesse: *Demian*. E. Pound: *Cantos*. Woolf: *Noche y día*. Mueren Abraham Valdelomar, Ricardo Palma y Amado Nervo. **1919**

Nacen Boris Vian y Federico Fellini. Sinclair Lewis: *Main Street*. O'Neill: *Emperador Jones*. Proust: *El mundo de Guermantes*. García Lorca: *Un poeta en Nueva York*. Valle Inclán: *Divinas palabras*. F.Scott Fitzgerald: *De este lado del paraíso*. Cavafis: *Poemas*. Música: estreno de la ópera peruana *Ollanta*, de J.M. Vallerriestra. Cine: R Wiene: *El gabinete del doctor Caligari*, primer filme expresionista. **1920**

CRONOLOGÍA

AÑO	CÉSAR VALLEJO	CONTEXTO HISTÓRICO
1921	Al salir de la cárcel, se decide a abandonar Trujillo y viajar a Lima, en donde es de nuevo contratado por el Colegio Guadalupe. Obtiene el primer premio en un concurso nacional de cuentos, con *Más allá de la vida y de la muerte.*	Primer centenario de la independencia del Perú. IV Conferencia Panamericana en La Habana. Fundación del Partido Nacional Fascista y del partido comunista en Italia. Fundación del partido comunista chino. Irlanda se convierte en parte del Imperio Británico. Lenin pone en práctica su nueva política económica.
1922	Aparece su segundo libro, *Trilce*, con prólogo de Antenor Orrego, y que no alcanza ninguna resonancia.	Fundación del partido comunista en Brasil. Comienza la dictadura fascista de Mussolini en Italia. Se constituye la Unión de Repúblicas Socialistas Soviéticas (URSS). Pío XIIes elegido Papa. Perú y Colombia suscriben el tratado Salomón-Lozano, con protestas populares en Perú.
1923	Publica *Escalas melografiadas*, libro de relatos escritos durante su permanencia en la cárcel. Decide viajar a Europa, y el viernes 13 de julio llega a París.	Asesinato de Pancho Villa en México. En Perú, se constituye la Federación Obrera Regional Indígena. Golpe frustrado de Hitler en Alemania. Primo de Rivera impone la dictadura en España. En Turquía se instaura la república, bajo el mando de Kemal Ataturk. Victoria laborista en Inglaterra. Francia y Bélgica ocupan la cuenca del Ruhr.
1924	Ante las dificultades económicas, acepta el ofrecimiento del escultor Max Jiménez de vivir en su taller.	Muere Lenin; Stalin y Trotsky se disputan el poder en Unión Soviética. En Perú, Víctor Raúl Haya de la Torre funda la Alianza Popular Revolucionaria Americana (APRA); se celebra el centenario de la batalla de Ayacucho. En Chile, intervención del ejército, disolución del Congreso y renuncia del presidente Alessandri.

CRONOLOGÍA

CONTEXTO CULTURAL   AÑO

Dos Passos: *Tres soldados*. Proust: *Sodoma y Gomorra*. Breton: *Los*   1921
campos magnéticos. Pirandello: *Seis personajes en busca de autor*. H.
Quiroga: *Anaconda*. J.E. Rivera: *Tierra de promisión*. Neruda: *La*
canción de la fiesta. A. Palma: *Por senda propia*. Raúl Porras
Barrenechea: *El periodismo en el Perú*. Anatole France, premio Nobel
de literatura.Cine: Chaplin: *El chico*.

Joyce: *Ulises*. Valéry: *El cementerio marino*. Sinclair Lewis: *Babbitt*.   1922
Martin du Gard: *Los Thibault*. Colette: *La casa de Claudine*. G.
Mistral: *Desolación*. Salomón de la Selva: *El soldado desconocido*.
Pocaterra: *Cuentos grotescos*. Lugones: *Las horas doradas*. Muere
Marcel Proust. Jacinto Benavente, premio Nobel de literatura.

Nace Ítalo Calvino. Jorge Luis Borges: *Fervor de Buenos Aires*.   1923
Neruda: *Crepusculario*. Dos Passos: *Calles de noche*. Musil: *Tres*
mujeres. Eliot: *Tierra baldía*. Muere Katherine Mansfield. William
B. Yeats, premio Nobel de literatura.

Nace Truman Capote.V. García Calderón: *La venganza del cóndor*.   1924
Neruda: *Veinte poemas de amor y una canción desesperada*. J.E. Rivera:
La vorágine. Mistral: *Ternura*. Rafael Alberti: *Marinero en tierra*.
R.Rolland: *Mahatma Gandhi*. Pirandello: *Cada uno a su manera*.
O'Neill: *Deseo bajo los olmos*. Hemingway: *Los torrentes en la prima-*
vera. Thomas Mann: *La montaña mágica*. Éluard: *Morir de no morir*.
Hitler: *Mi lucha*. Muere Franz Kafka. Música: Gershwin: *Rapso-*
dia en azul.Cine: Eisenstein: *La huelga*.

71

CRONOLOGÍA

AÑO	CÉSAR VALLEJO	CONTEXTO HISTÓRICO

1925 Ingresa como secretario de los Grandes Periódicos Ibero-americanos.

Recrudecimiento de la violencia racial del Ku Klux Klan en Estados Unidos. Hindenburg, presidente de Alemania. Proclamación de la República de Albania. Fundación de la liga revolucionaria de la juventud vietnamita. Pacto de Locarno entre Alemania y los Aliados.

1926 Se publica el primer número de la revista *Favorables-París-Poema*, dirigida por Vallejo y Larrea, en la que colaboran Vicente Huidobro, Pierre Reverdy, Tristán Tzará y Juan Gris.

Guerra cristera en México. Formación de la Confederación Obrera Argentina. Huelga general en Gran Bretaña. Alemania ingresa a la Sociedad de Naciones. Hirohito, emperador de Japón. En Nicaragua, Sandino inicia su oposición armada al régimen de Díaz.

1927 Viaja ocasionalmente a Madrid. En Lima colabora con las revistas *Mundial* y *Variedades*.

En el Perú, a raíz del llamado "complot comunista", el gobierno detiene a los militantes obreros, prohibe la actividad sindical y disuelve la federación obrera. Ibáñez, presidente de Chile. Intervención norteamericana en Nicaragua; Sandino se enfrenta a la Guardia Nacional. Huelga petrolera en Colombia. Chang Kai Chek rompe con el partido comunista chino e instala su gobierno en Nankín. El fascismo se fortalece en Italia; los sindicatos son disueltos. En Estados Unidos, son ejecutados Sacco y Vanzetti.

1928 Una crisis nerviosa determina que, con ayuda de la colonia peruana, sea enviado a descansar fuera de París. En este año viaja a Moscú, según parece con intenciones de quedarse, pero al cabo de dos meses regresa a París.

José Carlos Mariátegui organiza en Perú el partido socialista, que será luego el partido comunista. Huelga bananera contra la United Fruit en Colombia, con represión y masacres. Charles Lindbergh vuela de Belice a San Salvador. Yrigoyen, presidente de Argentina. La Unión Soviética elabora su primer plan quinquenal; Trotsky es enviado a Siberia. Hoover, presidente de los Estados Unidos.

CRONOLOGÍA

CONTEXTO CULTURAL   AÑO

León de Greiff: *Tergiversaciones*. Neruda: *Tentativa del hombre infinito*. Gallegos: *La trepadora*. Borges: *Luna de enfrente*. Dos Passos: *Manhattan Transfer*. Ortega y Gasset: *La deshumanización del arte*. Dreiser: *Una tragedia americana*. Kafka: *El proceso*. Babel: *Caballería roja*. F. Scott Fitzgerald: *El gran Gatsby*. Bernard Shaw, premio Nobel de literatura.Música: nacimiento del charleston. Cine: Eisenstein: *El acorazado Potemkin*. Chaplin: *La quimera del oro*. Vidor: *El gran desfile*.   1925

Ricardo Güiraldes: *Don Segundo Sombra*. Quiroga: *Los desterrados*. Tomás Carrasquilla: *Ligia Cruz y Rogelio*. Salarrué: *El Cristo negro*. Valle Inclán: *Tirano Banderas*. R. Alberti: *Cal y canto*. Faulkner: *La paga de los soldados*. Cocteau: *Romeo y Julieta*. Valéry: *Rumbos*. Gide: *Los monederos falsos*. Hemingway: *El sol también sale*. Proliferan las tiras cómicas («comics»)Música: Gounod: *Fausto*.Pintura: Renoir: *Nana*. Exposición de Chagall en Nueva York y de Klee en París.   1926

García Lorca: *Mariana Pineda*. Cocteau: *Orfeo*. Kafka: *América*. Mauriac: *Thérèse Desqueyroux*. Hesse: *El lobo estepario*. H. Bergson, premio Nobel de literatura.Cine: Primera película de dibujos animados: *El gato Félix*. Al Crosland: *El cantante de jazz* (primera película musical sonora). Eisenstein: *Octubre*.   1927

Nace Gabriel García Márquez. D.H. Lawrence: *El amante de Lady Chatterley*. A. Huxley: *Contrapunto*. Woolf: *Orlando*. Breton: *Nadja*. García Lorca: *Romancero gitano*. J.Guillén: *Cántico*. Malraux: *Los conquistadores*. Brecht: *La ópera de tres centavos*. Macedonio Fernández: *No todo es vigilia la de los ojos abiertos*. M. de Andrade: *Macunaíma*.Música: Ravel: *Bolero*.Pintura: Braque: *La mesa redonda*.Cine: Buñuel: *El perro andaluz*.   1928

73

CRONOLOGÍA

AÑO	CÉSAR VALLEJO	CONTEXTO HISTÓRICO

1929   Comienza su vida con Georgette Philippart, a quien había conocido tres años antes. En septiembre, acompañado de su amiga, viaja de nuevo a la Unión Soviética.

En Perú, se establece la Confederación General de Trabajadores, organizada por Mariátegui; los monumentos arqueológicos son declarados propiedad del Estado. Primera conferencia de partidos comunistas latinoamericanos. Caída de la bolsa de Nueva York, con inmensas repercusiones en todo el mundo. Creación del Estado del Vaticano. Se frustra otro golpe de Hitler. La Prohibición en Estados Unidos causa la propagación de las bandas de gángsters.

1930   Aparece *Trilce*, con prólogo de Bergamín y un poema de Diego. Es expulsado de Francia, al parecer por su ideología política, y se refugia en Madrid.

En Perú, revolución en Arequipa contra el gobierno de Leguía. En Argentina, Yrigoyen es depuesto por Uriburu, quien decreta ley marcial y disuelve el Congreso. En Brasil, se produce la revolución de octubre y Getulio Vargas asume el poder hasta 1945. Cae Primo de Rivera en España. Gandhi protagoniza otro movimiento de desobediencia civil en la India. Se descubre el planeta Plutón.

1931   Realiza algunas traducciones del francés al español. Publica *Rusia en 1931. Reflexiones al pie del Kremlin*. Se inscribe en el partido comunista español. Viaja por tercera vez a la Unión Soviética.

En Perú, Sánchez Cerro gana las elecciones; comienza la represión contra el APRA. El general Ubico asume el poder en Guatemala. Revueltas populares en Chile y renuncia de Ibáñez. En España, los republicanos ganan las elecciones, el rey Alfonso XIII abdica, se proclama la República. Japón invade Manchuria. Conferencia en Londres sobre la situación de la India, en presencia de Gandhi. Crisis generalizada en Estados Unidos.

CRONOLOGÍA

CONTEXTO CULTURAL

AÑO

R. Gallegos: *Doña Bárbara*. T. de la Parra: *Memorias de Mamá Blanca*. M.A. Asturias: *Rayito de estrella*. M. Fernández: *Papeles de recienvenido*. Ortega y Gasset: *La rebelión de las masas*. Faulkner: *El sonido y la furia*. Hemingway: *Adiós a las armas*. Moravia: *Los indiferentes*. Cocteau: *Los niños terribles*. Thomas Mann, premio Nobel de literatura.

1929

N. Guillén: *Motivos de son*. Asturias: *Leyendas de Guatemala*. Borges: *Evaristo Carriego*. Ibarbourou: *La rosa de los vientos*. Eliot: *Marina*. Musil: *El hombre sin atributos*. Dos Passos: *Paralelo 42*. Auden: *Poemas*. Muere D.H. Lawrence, José Carlos Mariátegui. Sinclair Lewis, premio Nobel de literatura. Pintura: Paul Klee: *En el espacio*. Cine: Buñuel: *La edad de oro*. Walt Disney: *El ratón Mickey*. Aparecen los hermanos Marx, Laurel y Hardy. .

1930

Huidobro: *Altazor*. Carpentier: *Ecué Yamba-O*. N. Guillén: *Sóngoro cosongo*. Picón Salas: *Odisea en tierra firme*. Uslar Pietri: *Las lanzas coloradas*. García Lorca: *Poemas del cante jondo*. Faulkner: *Santuario*. H. Miller: *Trópico de Cáncer*. V. Woolf: *Las olas*. Cine: Whale: *Frankenstein*. Lang: *M el vampiro*. Browning: *Drácula*..

1931

75

CRONOLOGÍA

AÑO	CÉSAR VALLEJO	CONTEXTO HISTÓRICO
1932	Regresa clandestinamente a París. Su situación económica es extremadamente difícil.	Conflicto colombo-peruano. En el Perú, represión y violencia contra apristas y comunistas; Ciro Alegría es condenado a diez años de prisión. Guerra del Chaco entre Bolivia y Paraguay. Desórdenes en México. Hindenburg derrota a Hitler en las elecciones presidenciales alemanas. F.D.R.oosevelt, presidente de los Estados Unidos.
1933		Sánchez Cerro es asesinado en Perú; el Congreso elige a Oscar R. Benavides, decreta amnistía política. Roosevelt implementa el *New Deal*. La economía alemana está en quiebra. Se incendia el *Reichstag*; Hitler es nombrado Canciller e inicia la campaña antisemita. Se crea la Falange en España.
1934	Contrae matrimonio con Georgette.	Perú renuncia a Leticia en favor de Colombia. Ciro Alegría es desterrado a Chile. Sandino es fusilado por la Guardia Nacional en Nicaragua. Muere Hindenburg y asciende Hitler al poder. La Unión Soviética ingresa a la Sociedad de Naciones. Estados Unidos implementa la política del "buen vecino" frente a América Latina.
1935	Georgette pierde su empleo y la situación económica de la pareja empeora. Vallejo ofrece a algunas editoriales sus "Poemas en prosa", pero no obtiene respuesta.	Fin de la guerra del Chaco; derrota de Bolivia. Campaña militar de Mussolini en África; sanciones de la Sociedad de Naciones. Hitler promulga leyes racistas en Nuremberg y hace obligatorio el servicio militar. Disturbios anti-católicos en Belfast.

CRONOLOGÍA

CONTEXTO CULTURAL | AÑO

J. de la Cuadra: *Horno*. Barbajacob: *Canciones y alegrías*. A. Huxley: *Un mundo feliz*. Breton: *Los vasos comunicantes*. Faulkner: *Luz de agosto*. Aleixandre: *La destrucción o el amor*. Galsworthy, premio Nobel de literatura. Pintura: Calder expone en París.

1932

José María Arguedas: *Warma Kuyay*. Neruda: *Residencia en la tierra*. A. Malraux: *La condición humana*. Brecht: *La madre*. M. Hernández: *Perito en lunas*. García Lorca: *Bodas de sangre*. Se levanta la censura a James Joyce en Estados Unidos.

1933

J.Icaza: *Huasipungo*. José de la Cuadra: *Los Sangurimas*. N. Guillén: *West Indies Ltd.* E. Zalamea: *Cuatro años a bordo de mí mismo*. J. Benavente: *Ni al amor ni al mar*. M. Hernández: *El rayo que no cesa*. Cocteau: *La máquina infernal*. F.Scott Fitzgerald: *Tierna es la noche*. Giono: *El canto del mundo*. Cernuda: *Donde habite el olvido*. F. Pessoa: *Mensaje*. Pirandello, premio Nobel de literatura. Pintura: Dalí ilustra los *Cantos de Maldoror*.

1934

J.M. Arguedas: *Agua*. J. Gálvez B.: *Estampas limeñas*. Gallegos: *Canaima*. Borges: *Historia universal de la infamia*. Eliot: *Asesinato en la catedral*. García Lorca: *Yerma*. Moravia: *La vida bella*. Muere Carlos Gardel.Cine: Hitchcock: *Treinta y nueve escalones*.

1935

CRONOLOGÍA

AÑO	CÉSAR VALLEJO	CONTEXTO HISTÓRICO
1936	Escribe (pero no logra publicar) *La piedra cansada (teatro poético)*, el ensayo *El hombre y Dios en la escultura incaída* y varios poemas que a su muerte quedaron inéditos. A raíz de la guerra civil viaja a España. A pesar de su mala salud participa fervorosamente en la actividad política de este convulsionado país.	Golpe de estado de Somoza en Nicaragua. Huelga petrolera en Venezuela. Mussolini proclama el Imperio Italiano; Hitler comienza el rearme alemán; constitución del eje Roma-Berlín. Se inicia la Guerra Civil española. En Francia, gobierno del Frente Popular, encabezado por León Blum. Roosevelt es reelegido en E.E.U.U.
1937	Escribe los poemas que componen *España, aparta de mí este cáliz*. Participa en el Congreso de Escritores Antifascistas en Defensa de la Cultura.	Aumenta la represión contra el APRA en el Perú; asesinato de su líder, Arévalo. Genocidio en la frontera Haití-Santo Domingo. Trotsky llega a México. En Brasil, *Estado Novo*. Franco, proclamado Caudillo. Bombardeos aéreos a ciudades españolas. En Francia, caída del Frente Popular. Japón interviene militarmente en China.
1938	Trabaja ardorosamente en la ordenación de sus poemas. Su libro *España, aparta de mí este cáliz*, publicado clandestinamente, es prohibido y las tropas franquistas se encargan de destruir la edición completa. La salud del poeta se resquebraja. El 15 de abril, Viernes Santo, muere.	Hitler anexa Austria a Alemania y da ultimátum a Checoslovaquia. Pacto de Munich entre Inglaterra, Francia, Alemania e Italia. Leyes antisemitas en Italia. Disturbios en Túnez contra la administración francesa.

CRONOLOGÍA

CONTEXTO CULTURAL   AÑO

Nace Mario Vargas Llosa. Octavio Paz: *No pasarán*. Margaret   1936
Mitchell: *Lo que el viento se llevó*. Faulkner: ¡*Absalón, Absalón*! García
Lorca: *La casa de Bernarda Alba*. Cernuda: *La realidad y el deseo*. Dos
Passos: *El gran dinero*. Machado: *Juan de Mairena*. O'Neill, premio
Nobel de literatura. Mueren Unamuno, Pirandello, Gorki y
García Lorca. Cine: Chaplin: *Los tiempos modernos*. Pintura: Chagall:
Arlequinada.

Steinbeck: *La fuerza bruta*. Gramsci: *Cuadernos de la prisión*. Neruda: 1937
España en el corazón. Lezama Lima: *Muerte de Narciso*. Gallegos: *Pobre
negro*. Asturias: *El señor presidente*. O. Paz: *Bajo tu clara sombra*.
Muere Horacio Quiroga. Roger Martin du Gard, premio Nobel
de literatura. Pintura: Picasso: *Guernica*. Renoir: *La gran ilusión*.
Cine: Walt Disney: *Blanca Nieves y los siete enanitos*.

Arguedas: *Canto quechua*. Sartre: *La náusea*. Graham Greene: *Brigh-   1938
ton, parque de atracciones*. Cortázar: *Presencia*. Th. Wilder: *Nuestro
pueblo*. Pearl S. Buck, premio Nobel de literatura. Cine: O. Wells:
Macbeth. Carné: *El muelle de las brumas*. Walt Disney: *El pato
Donald*. Muere Husserl.

79